Der Mensch und seine Zeichen   3. Band

Adrian Frutiger

Der Mensch und seine Zeichen

Textbearbeitung Horst Heiderhoff

Zeichen, Symbole, Signete, Signale

Horst Heiderhoff Verlag Echzell

»eidos« Beiträge zur Kultur   Band 37

Erste Auflage

© Copyright 1981 by Adrian Frutiger, Paris
Alle Rechte, auch das des nur auszugsweisen Nachdrucks, der photomechanischen
Wiedergabe und jeglicher Speicherung in Datenverarbeitungsanlagen vorbehalten.

Schrift: Iridium der D. Stempel AG, gezeichnet von Adrian Frutiger
Satz und Druck: Hausdruckerei der D. Stempel AG, Frankfurt am Main
Papier: Dullcoat Super 120 g/qm der Classen-Papier KG, Essen-Kettwig, ein Produkt
der Hannoverschen Papierfabriken, Alfeld

Printed in Germany

ISBN 3-921640-50-4

Inhalt

»Die Schöpfung der Welt«
Holzschnitt aus einem Inkunabel-Druck,
Nürnberg 1493

Einleitung

Die Ausdrucksmöglichkeiten der gegenseitigen Verständigung zwischen den Wesen einer Gruppe, einer Artgemeinschaft waren wohl seit Beginn allen Lebens eine der wichtigsten Bedingungen für das Überleben schlechthin. Diese Notwendigkeit der Kommunikation und ihre ständige Verbesserung und Weiterentwicklung ist für das Wachstum der menschlichen Zivilisation als einer der wesentlichsten Faktoren zu werten.

Die Verständigung unter den Menschen hat sich, entlang des geistigen Fortschritts, mehr und mehr auf die *sprachliche* Mitteilung konzentriert. Diese frühen Mitteilungen sind dann im Laufe der letzten Jahrtausende durch Schriften auch sichtbar fixiert worden, wobei die Entwicklung des lateinischen Alphabets als Höhepunkt einer abstrahierten, rationalisierten Ausdrucksweise gewertet werden kann.

Die nichtalphabetischen Zeichen

Es ist jedoch zu bedenken, daß sichtbar gewordene Sprache – also Lesen und Schreiben – bis vor einigen hundert Jahren – genauer gesagt, bis zur Erfindung der Textvervielfältigung durch Gutenberg – als Privilegium einer klerikalen Elite vorbehalten war.

Die »analphabetisch« gebliebene Bevölkerung verfügte zu dieser Zeit – neben einer ausgeprägten mündlichen Tradition – über andere Möglichkeiten der Fixierung und Übermittlung von Gedachtem und Gesprochenem: über Bilder, Symbole, Zeichen und Signale, über stammeigene »Schriftarten«, die als Gedankenstützen, Verständigungsmittel, Be-

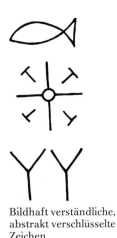

Bildhaft verständliche,
abstrakt verschlüsselte
Zeichen

zeugungs- oder Besiegelungsstücke etc. in täglichem Gebrauch standen. Bilder und Zeichen trugen entweder einen offen verständlichen oder – im Gegenteil – einen okkulten, verschlüsselten Sinn. Durch die Verbreitung der alphabetischen Schrift in allen Volksschichten und durch die Rationalisierung der Denkweise überhaupt ist dieses ursprüngliche Bild- und Zeichen-Gut, sein Gebrauch sowie sein Verständnis innerhalb der letzten fünfhundert Jahre fast vollständig verlorengegangen.

Neue Zeichen für die Wissenschaft

Jedes Volk hat seine Sprache, und die meisten Sprachen haben ihre Schrift. Über Sprachgrenzen und Nationen hinweg finden wir heute nun mehr und mehr Menschen, die sich auf dem Gebiet der Wissenschaft treffen und allgemein verständigen können. Allerdings sind die Sprach-Zeichen für die Kommunikation im Wissenschaftsbereich zu ungenau und vollkommen unzulänglich geworden: sie dienen nur als Umgangssprache. Der Exaktheit wissenschaftlicher Aufzeichnungen ist in rein verbaler Form unmöglich gerecht zu werden. Aus dieser im Grunde ganz natürlich entstandenen Notwendigkeit einer absolut klaren und eindeutigen Aufzeichnung exakter Werte, Funktionen, Schemata etc. sind neue Zeichen-Reihen entstanden und in fortwährender Weiterentwicklung begriffen.

Die exakte Aussage
ohne Sprachgrenze

Eine mathematische, chemische oder physikalische Formel besteht zwar durchaus noch auf der Grundlage des alpha-numerischen Repertoires. Es haben sich aber unzählige Zeichen angefügt: zum Teil aus dem Zeichen-Vorrat vergangener Zeiten, zum Teil neu erfundene.

Wie weit sich die wissenschaftliche Begriffs-Aufzeichnung von der rein verbalen Sprachfixierung entfernt hat, wird aus der Tatsache ersichtlich, daß mathematische, chemische und andere Formeln nicht mehr dem linearen Ablauf der von links nach rechts laufenden Textfixierung unterliegen, sondern die Fläche in allen Richtungen in einer neuen, freien Dimensionierung zum Ausdruck mit einbeziehen.

Beim Schachspiel verhält es sich ähnlich wie in der abgekürzten Zeichen-Sprache der Wissenschaften. Wie in einer Formel, so sind auch hier alle Werte und Stellungen, ohne notiert zu sein, imaginär vorhanden. Alle Figuren sind auf dem

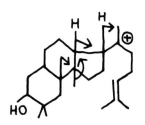

Formeln entwickeln sich frei
im Raum

14

Raster des Schachbrettes aufgestellt, und der Spielablauf vollzieht sich in Gedanken nach festgelegten Gesetzen.

Bild-Zeichen für die Industrie

Die ökonomische Gesetzmäßigkeit eines stetig wachsenden, aufdringlicher werdenden Angebots, das wiederum eine stets anspruchsvollere Nachfrage herausfordert, produziert ebenfalls neue Bildgesetze und Zeichen-Sprachen; in Fachkreisen spricht man auch vom Marken-Bild, vom Identitäts-Programm. Die Publizisten haben die Aufgabe, neuen Unternehmen, neuen Produkten ein neues Gesicht zu verleihen. So sind im Bereich der »Gebrauchs«-Graphik in den letzten Jahrzehnten eine Fülle von neuen Produkt-Marken und Firmen-Zeichen entworfen worden. Die meisten dieser modernen Industrie-Bilder beruhen auf den Prinzipien stärkster graphischer Effekte und Kontraste. Verblüffend ist denn auch die oft in Erscheinung tretende Ähnlichkeit der Zeichen, die wohl häufig auf die einseitig ausgerichtete Schulung des Gestaltenden zurückzuführen ist, aber auch auf den Verlust des Wissens um den Reichtum vergangener Zeichen-Kulturen, aus denen Neues zu schöpfen wäre.

Die Gefahr der
Ähnlichkeit

Die Zeichen der Wegweisung

Die Wege in Stadt und Land, ja selbst innerhalb von Gebäuden sind in den letzten Jahrzehnten so dicht verbaut worden, daß eine natürliche Orientierung nicht mehr ausreicht, um von einem gegebenen Ausgangspunkt an ein bestimmtes Ziel zu gelangen. Ohne wegweisende Beschriftungen und Zeichen ist jegliche räumliche Fortbewegung fast undenkbar. Eine Zeichenhilfe ist im modernen Verkehr zur lebenswichtigen Notwendigkeit geworden. Und da ständig neue Orte und Wege entstehen, neue Verkehrsmittel zum Einsatz kommen, deren Gebrauch fortlaufend modernisiert und automatisiert wird, müssen Instruktions-Zeichen erfunden werden, deren Verständnis eindeutige Funktionsanweisungen vermittelt.

Wegweiser werden
zur Notwendigkeit

Bildüberfluß – Bildüberdruß

Die technischen Mittel erlauben es heute, nicht nur durch Sprachinformation (Telefon, Radio), sondern auch durch Bildübertragung (Film, Fernsehen) wirklichkeitsnahe Information augenblicklich über den ganzen Erdball zu streuen.

Dabei ist besonders bemerkenswert, daß beim Empfänger eine klare Tendenz besteht, die direkten Bildübertragungen des Fern-*Sehens* den rein verbalen des Fern-*Sprechens* vorzuziehen. Ein Bild anzuschauen wird eben als müheloser empfunden, als eine gesprochene Mitteilung anzuhören und zu verstehen.

Die massive Diffusion von Bildern, auch in gedruckter Form, ist im Begriff, die allgemeine Psyche der heutigen Generation stark zu verändern. Das ausgestrahlte Bild wird global, sozusagen in Blickfängen aufgenommen, nicht absolut kontinuierlich verfolgt – im Gegensatz zur Sprache, die sich im zeitlichen Ablauf linear entwickelt und zum Verständnis *ununterbrochen* mitgehört und aufgenommen werden muß. Zudem zeigt das Bild die Mitteilung simultan in ihrer Gesamtheit und in abgeschlossener Form. Der Betrachter hat sich kein eigenes Bild mehr zu machen, wie es etwa beim Leser oder beim Zuhörer der Fall ist. Das Bild ist ein Fertigprodukt, das den imaginären Vorstellungs-Akt ausschließt und weitgehend die Möglichkeiten zur Bild-Phantasie im Menschen verarmen läßt. Darüber hinaus bewirkt die Bildvermittlung sozusagen einen Demystifikationsprozeß, da alles Gegenwärtige auf der Welt von allen zugleich gesehen werden kann. Dieser Überfluß an »fotografischer« Übermittlung führt zu einem gewissen Bildüberdruß.

Die Flut der Abbildungen, die ferngesehen oder gedruckt vom Menschen täglich aufgenommen wird, kann seine Neugier nie befriedigen; auch wird sein Vorstellungsvermögen durch diese angebotene Vielfalt nicht verstärkt, sondern schematisiert.

Andererseits unterliegt der gedruckte Text, der ebenfalls in uneingeschränkter Vielfalt auf den Leser einwirkt, bestimmten Schranken. Der Buchstabe hat nämlich dadurch einen Teil seiner Anziehungskraft als Zeichen eingebüßt, daß er zum notwendigen, fast banalen Zweckmittel geworden ist.

Das Verlangen nach einer neuen »Stilisierung« des Bildes, nach Zeichnungen und Zeichen, deren Zugang durch eingehende Betrachtung, Suchen, Meditieren erfolgt, tritt beispielsweise auf der gesamten Linie der Gegenwartskunst klar hervor. Ein neu erwachendes reges Interesse am Sinn von Zeichen mit symbolischem Gehalt ist heute überhaupt zu beobachten.

Frei nach einem Gemälde von Paul Klee

Zurück zur Bilderschrift?

Bei jedem Lidaufschlag steht dem Menschen ein Bild vor Augen; seine Gedanken und Gestaltungen, seine Erinnerungen und seine Träume: sein Erleben überhaupt spielt sich in Bild-Reihen ab. Damit sind allerdings keine fotografischen Klischees gemeint. Seine Gedanken-Bilder sind nicht ausgeprägte Gegenständlichkeit, vielmehr handelt es sich um Archetypen der Dinge, die er gesehen und erlebt hat, einmal, viele Male; und durch die Übereinander-Reihung der Eindrücke sind so etwas wie stilisierte Zeichnungen zurückgeblieben, deren Konturen nicht mehr völlig scharf umrissen sind – dann sind diese Bilder – etwa wie im Traum – zu etwas Schemenhaftem geworden, zu etwas, das den Zeichen nahekommt.

Es ist deshalb keineswegs verwunderlich, daß ein Bedürfnis nach einer Erneuerung von Zeichen und Symbolen deutlich wird. Ansätze zu seiner Befriedigung und die Suche nach tiefer gehenden Ausdrucks- oder Mitteilungsmöglichkeiten finden sich als Graffitis auf Hauswänden, in Gemälden der erfolgreichen Künstler unserer Generation und sogar auch auf den T-Shirts der Jugend.

Die vorliegende Sammlung von Symbolen und Zeichen ist ein Versuch, das verlorengegangene Reich dieser »Sinn-Bilder« in einer gewissen Ordnung der Vorstellungswelt des Lesers zu erschließen. Sie will aber nicht als komplettes Nachschlagewerk, sondern vielmehr als Anregung zur Betrachtung und vielleicht als Ermittler neuer Ausdrücke verstanden werden.

Sind wir damit nicht, so könnte man nun fragen, auf den Weg zurück zum Ursprung der Gedankenaufzeichnung, zu den Bilderschriften unserer Vorfahren gelangt? Denn wie eigentümlich klar scheint sich damit ein geschlagener Kreis zu schließen, der uns zu den Felsbildern zurückführt, die wir als die Vorläufer zur Sprachfixierung, als erste Anzeichen menschlicher Kultur überhaupt am Anfang dieser Studie erwähnt haben. Aber diesen Weg zurück, so hatten wir auch gezeigt, kann es nicht geben ohne Verarmung und Schematisierung der Sprache selbst. Denn darin liegt ja gerade der Sinn des Bildes in einer unendlich komplexen Welt: dort ordnend zu signalisieren, wo Sprache zuviel wäre. Wir können also vorläufig die gestellte Frage so beantworten: Nicht allein, sondern am rechten Ort wird das Bild für die menschliche Kommunikation immer unentbehrlicher.

Signet der Weltausstellung in Montreal 1967. Auf einem Kreis (Welt) zur Gemeinschaft gereiht, wiederholt sich das mittelalterliche Zeichen für Freundschaft (siehe Seite 50, Nr. 12)

I Vom Abbild zum Sinnbild

1. Das Bild

Der vorliegende Band beruht wie alle gedruckten Bücher auf dem Prinzip des zweidimensionalen Druckverfahrens. Die Verwendung von Farben sowie die Anwendung von Halbtonstufen wurde bewußt ausgeschlossen, also die Wiedergabe von Bildern in plastischer, farbiger Erscheinung. Da es sich jedoch um eine Abhandlung über das *Zeichen* handelt, sollte diese Eingrenzung eher in positiver Hinsicht dazu beitragen, daß alle Figuren des Buches untereinander eine Einheit des Ausdrucks bilden und so in einem engeren Verhältnis zueinander stehen, also besser zu vergleichen sind.

Was allgemein mit der Bezeichnung »Bild« gemeint ist, soll eine möglichst naturgetreue Aufzeichnung dessen sein, was das menschliche Auge erblickt oder zu erblicken glaubt. Die bildenden Künste der letzten Jahrhunderte nun bemühten sich, das vom menschlichen Auge Wahrgenommene so getreu wie möglich festzuhalten.

Mit der Erfindung der Fotografie verlor aber die naturalistische Kunst des »Bild-Festhaltens« ihren ursprünglichen Sinn und Wert, und es ist deshalb kein Zufall, daß in der Malerei die Abwendung von der realistischen Darstellung mit dem Auftauchen der fototechnischen Prozesse zusammenfällt. Diese Art der Bildwiedergabe erlaubt es heute, eine Vielfalt an Bildmaterialien in täglich stets steigendem Maße auf den Menschen einwirken zu lassen, sei es in Form von Druck- oder Fernsehproduktionen.

Früher wurde ein Bild als sozusagen punktueller Mittler, als eine geschlossene Mitteilung erlebt, vielfach im Sinne einer kontemplativen Betrachtung. Heute hat sich die Flut an Bildinformationen, an Bildabläufen zu einer eigentlichen Bild-*Sprache* entwickelt. Für den sogenannten Bild-»*Leser*« hat der begleitende verbale Ausdruck eigentlich nur noch geringe Bedeutung, um den Sinn einer Mitteilung zu verstehen. Als frühes charakteristisches Beispiel dafür sei der Stummfilm erwähnt, dessen Kunst eben darin lag, die Handlung sprachlos zu übermitteln.

Bilder-Lesen

Die jüngere Generation wächst zu eigentlichen Bild-Lesern heran. Junge Menschen überfliegen die »Comics«, ohne überhaupt die Legenden in den Sprech-Blasen der Bilder bewußt aufzufassen. Das Phänomen der Bild-Serie, der Bild-Abwicklung formt eine neue Mentalität der visuellen Kommunikation.

Im Bereich der Bildübermittlung ist festzustellen, daß die Bildqualität klar in zwei Gruppen eingeteilt werden kann. Einerseits haben wir die oberflächliche und kurze Bild-Information wie beispielsweise in der Tagespresse oder in der gefilmten Reportage. In diesem Bereich spielt die Qualität der Wiedergabe keine wesentliche Rolle, der grobe Rasterpunkt oder der schlechte Kontrast des Fernsehschirmes werden dem Vorstellungsbild des Betrachters untergeordnet – hier gelten Bilder eigentlich nur als »Skizzen«. Andererseits besteht das Bedürfnis einer der Wirklichkeit stets näherkommenden Reproduktion; auf dem Gebiet der Publizität etwa ist die naturgetreue Wiedergabe des angepriesenen Objekts von größter Bedeutung.

Die Übermittlungstechnik verfügt in erster Linie über die beiden Grundmedien: Verbal-Sprache und Bild-Sprache. Man empfindet jedoch immer mehr die Mannigfaltigkeit des »Vokabulars« der einen wie der anderen; Ausdrücke wie »abgelatschtes Wort« oder »hohles Klischee« deuten darauf hin. Im Bereich der Sprache erleben wir heute jedoch als Gegensatz eine Ausbreitung des Wortschatzes in die sogenannte »Polysemie«, d. h. in die Vielfalt und Mehrdeutigkeit von Ausdrücken und Sprachbegriffen, zu deren Verständnis ein ständiger Lernprozeß notwendig ist. Das Bild seinerseits erlebt eine Ausdehnung in Mikro- und Makro-Bereiche. Solche Bilder sind aber nicht mehr als absolut naturgetreu zu werten, da sie vom bloßen oder normalen Menschenauge nie gesehen werden können. Diese Art des Bildes führt uns unwillkürlich in den Bereich des schematisierten Bildes, dessen Stufung näher zu erläutern im vorgezeichneten Ablauf vom Bild zum Zeichen von Wichtigkeit ist.

2. Das Schema

Einen Gegenstand, ein Ereignis, eine Begebenheit nicht nur mit Worten zu beschreiben oder rein äußerlich fotografisch darzustellen, sondern zu versuchen, mit bildhaften Elementen das Objekt zu unterteilen, zu analysieren, ist die wesentliche Aufgabe eines Schemas. Das gesamte Bild ist also entweder stilisiert, aufgeschnitten oder zerlegt, damit ein Aufbau, ein Mechanismus, eine Funktion erläutert werden kann. Zusätzlich zur Objekt-Darstellung können in weiteren Schemata Tabellen etc. über abstrakte Begriffe zur Illustration von technischen oder ökonomischen Sachverhalten in Form von sogenannten Graphiken erscheinen.

a Die Stufung der Schematisierung

Anhand einiger Beispiele sind vier der wichtigsten Schematisierungsgrade, der Fachmann nennt sie Ikonozitäts-Grade, dargestellt. Die erste Illustration besteht in einer Zeichnung, in der fast jeder Mensch das Mondlandungsgerät LEM zu erkennen vermag. Es handelt sich hier um den einfachsten Bildausdruck: eine Konturenzeichnung, in der nur die wesentlichsten Außenformen linear umgrenzt sind, also mit Verzicht auf Behandlung von Flächen durch Farben, Halbtöne, Schattierungen oder strukturelle Angaben des Materials. Diese Abbildung darf in diesem Sinne schon als erster Grad der Schematisierung gewertet werden; denn die Abweichung von der Wirklichkeit ist schon bedeutend, und die Skizze stützt sich weitgehend auf das Erinnerungsbild, das der Betrachter in sich trägt.

Vereinfachte Abbildung

Das zweite Beispiel stellt eine Schematisierung dar, die an den Betrachter gesteigerte intellektuelle Anforderungen stellt. Es ist der *Querschnitt* durch einen Motor. Dieses Bild hat sich von der Realität gelöst: dem Objekt kann man in dieser Gestalt in Wirklichkeit nicht begegnen. Die aufgeschnittene Darstellung wird zur absoluten Notwendigkeit, um die Mitteilungen über das Funktionsprinzip des Motors zu verdeutlichen.

Eine dritte, noch weitergetriebene Schematisierung zeigt das abgebildete *Schaltschema*. Die äußere Form des Objekts ist vollständig verschwunden. Von der Funktion des Geräts wird nur noch ein Teil, der elektrische, erläutert. Innerhalb des Schaltschemas treten spezifische Zeichen auf, deren Bedeutung nicht mehr unmittelbar klar zu erkennen ist, die also

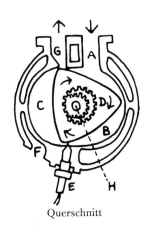

Querschnitt

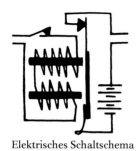

Elektrisches Schaltschema

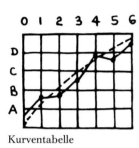

Kurventabelle

in den Bereich der Wissenschafts-Zeichen gehören und als solche vom Fachmann erlernt werden müssen.

Der Betrachter wird bemerkt haben, daß im Fortschreiten der Schematisierung, schon vom zweiten Beispiel an, die verbale Erläuterung unabdingbar wird. Je stärker die Schematisierung ist, also die Entfernung vom Objektbild, desto abhängiger wird sie wiederum von sprachlicher Erläuterung. Diese Tatsache tritt im letzten Beispiel noch klarer in Erscheinung. Es handelt sich dabei um eine *Tabelle,* deren Grundraster eine Aufteilung bestimmter Werte angibt. Die zweidimensionale Anlage dieser Wertlinien mit einer horizontalen und einer vertikalen Eingabe ermöglicht die visuelle Fixierung bestimmter Verhältnisse an allen Kreuzungspunkten. Die Verbindungslinien zwischen den einzelnen Punkten ergeben die *Kurve,* die visuell mit spontaner Klarheit Situationen und Tendenzen augenblicklich erfaßbar macht.

Zwischen diesen vier Graden der Schematisierung liegen eine Fülle anderer Möglichkeiten zu graphischen Darstellungen, die den sprachlichen Ausdruck zur Verdeutlichung von Unbeschreibbarem unterstützen.

b Computerhilfe zur Schematisierung

Die Darstellung dritter und vierter Dimensionen veranlaßt den Techniker zur Erschließung neuer Quellen der Schematisierung, wie zum Beispiel diejenige der digitalen Aufzeichnung auf einem computergesteuerten Bildschirm, der es vor allem ermöglicht, den zeitlichen Ablauf einer Planung absolut präzise zu regeln. So ist beispielsweise die Konzeption einer Autobahn-Anlage von so vielen Bestimmungsfaktoren abhängig, daß die Konsultation auf der Kathodenröhre eine unentbehrliche Hilfe geworden ist. Im Computer sind die Koordinationspunkte des Geländes gespeichert, ebenso die spezifischen Grundprinzipien der theoretischen Fahrbahn. Eine vorgesteckte Linie wird als Impuls (Input) in den Rechner eingegeben, und das Resultat erscheint auf dem Bildschirm in Form perspektivischer Ansichten der Streckenlage im vorgezeichneten Geländeteil. Der Ablauf von Bild zu Bild erlaubt es, fehlerhafte Entschlüsse, die für das menschliche Denkvermögen nicht voraussehbar gewesen wären, zu erkennen und zu berichtigen.

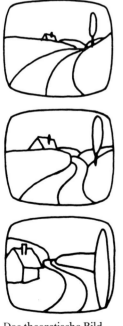

Das theoretische Bild
vom Computer »errechnet«

3. Der Plan

Unter dem Begriff *Plan* verstehen wir im Rahmen unserer Betrachtung eine sichtbar bezeichnete Unterteilung eines Raumes oder eine visuelle Gliederung eines zeitlichen Ablaufs. Gliederung oder Unterteilung sind schematische Grundlagen, auf denen sich etwas anordnet oder abspielt. Ein Ziffernblatt kann zum Beispiel als Plan gewertet werden, auf dem durch die Bewegung der Zeiger der Zeitablauf meßbar wird. Das gleiche trifft für das Damebrett als Spiel-Plan zu, auf dessen Grundraster sich die Steine nach den gesetzten Regeln fortbewegen, das Spiel entwickelt werden kann.

Der Choreograph zeichnet auf die Bühne ebenfalls einen Plan, nach dem sich das Ballett abzuspielen hat; der General überlagert Pläne, indem er auf den geographischen Plan, die Landkarte, seinen strategischen Schlachtplan einzeichnet.

Ohne Stadtplan wäre der Fremde im Häusergewirr verloren, und selbst der »Eingeborene« ist häufig auf den Plan des Straßenbahn-Netzes angewiesen. Der Orientierungs-Plan ist eine schematisch-graphische Darstellung einer mehr oder weniger bestimmten Wirklichkeit, die für den heutigen Menschen in den räumlichen wie auch zeitlichen Dimensionen nicht mehr überblickbar ist.

Das Ausdehnungsphänomen hat in fast allen Bereichen das menschliche Begriffsvermögen überschritten, und es ist dem einzelnen nur noch möglich, sich ein *schematisches* Bild zu machen: von Verkehrsnetzen, von wirtschaftlichen Ergebnissen, wissenschaftlichen Errungenschaften etc.

Plan zur Zeiteinteilung

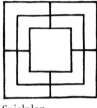

Spielplan

Der symbolhafte Plan einer Inselstadt

Als Kontrast zu all diesen Bewegungen ins Unfaßbare ist auf S. 23 eine Ansicht aus der Vogelschau einer Inselstadt im Pazifischen Ozean abgebildet, aus deren Anordnung ein Plan heraustritt, der in seiner Einfachheit faszinierend wirkt. Die Straßen sind angelegt wie ein Zeichen, bestehend aus Kreuz und Kreis mit einer starken Betonung des Zentrums. Der Städteplan ist hier zum Symbol-Zeichen geworden, das jeder Bewohner in seiner Erinnerung trägt und mit sich selbst in bezug darauf zu identifizieren vermag.

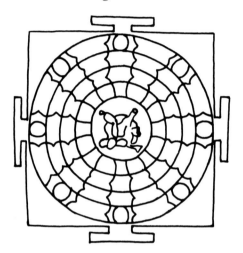

Indisches Tantra-Bild, ein Plan zur Meditation

Als letztes Beispiel aus der Vielfalt aller Arten von Plänen sei noch ein Tantra-Bild herausgegriffen. Es ist als kontemplativer Plan zu werten, als Bild, vor dem der gläubige Inder meditierend den Lebensweg verfolgt, der ihn von außen her, zyklisch von Kreis zu Kreis bis in die Mitte, ins Nirvana führt.

Mit diesen Beispielen sind wir schon stark von den wissenschaftlichen oder alltäglichen Schemata und Plänen abgerückt und bereits in den Bereich des Symbols – der den größten Teil unserer Betrachtungen einnehmen wird – eingetreten.

4. Die Allegorie

Die Auseinandersetzung mit dem Begriff der Allegorie ist in der vorliegenden Betrachtung nur deshalb an dieser Stelle eingeschaltet, weil hier zu oft eine Verwechslung mit dem Symbol vorkommt.

Die Allegorie besteht in rein figürlicher Darstellung. Es ist zumeist eine Personifikation als Ausdruck abstrakter Begriffe, um außerordentliche Taten, ausgefallene Situationen oder überragende Eigenschaften bildhaft-naturalistisch zu illustrieren. Die meisten allegorischen Figuren entstammen der griechisch-römischen Mythologie, die mit sogenannten, meist aus dem Mittelalter und der Renaissance stammenden *Attributen* versehen sind. Die Kombination der geschichtlichen Figur mit dem symbol-geladenen Objekt ergibt eine abstrakte, eben allegorische Aussage. So ist beispielsweise die geflügelte weibliche Gestalt die allgemeine Versinnbildlichung für Sieg und Freiheit, das mit einer Fülle von Früchten beladene Horn die Allegorie für Reichtum und Überfluß. Die Figur der Gerechtigkeit, die Frauengestalt mit verbundenen Augen, das Richterschwert in einer, die Waage in der anderen Hand tragend, ist nicht mehr ein Symbol, ein Bindeglied zwischen zwei Welten, einer sichtbaren und einer unsichtbaren, sondern sie ist ein allegorisches Bild eines reellen Faktums.

Die Figur der Gerechtigkeit ist eine typische Darstellung allegorisch mythologischer oder religiöser Gestalten. Vom Kentaur über die Sirene bis zur Freiheitsstatue wären jedoch noch viele zu nennen.

Im 20. Jahrhundert ist die Anlehnung an antike Figuren zum allegorischen Bild-Ausdruck fast vollständig verlorengegangen. Heute treten neue Gestalten in den Vordergrund. Silhouetten von Supermännern vieler Arten, Weltraumeroberer, umgeben von Roboter-Sklaven etc., werden wahrscheinlich die neuen Modelle des allegorischen Ausdrucks der Zukunft sein.

Die Figur der Gerechtigkeit,
ein typisch allegorisches Bild

5. Die Bilder des Aberglaubens

Der Aberglaube ist, wie seine Bezeichnung selbst andeutet, eine Abweichung des Glaubens. Er beruht insgesamt auf einer primitiven Angst vor dem Zukünftigen, vor dem Un-Heil. Seit der Mensch Mensch ist, hat er versucht, sich vor dem Un-Glück zu schützen. Viele abergläubische Reaktionen haben durchaus einen wahren Kern. Unter einer Leiter zu stehen erhöht bestimmt die Chance, einen Ziegel auf den Kopf zu bekommen. Das verstreute Salz konnte in Zeiten und Gegenden des Salzmangels Unheil bedeuten.

Der Aberglaube hat die sogenannten *Amulette* hervorgebracht, Gegenstände, meist auf dem Körper getragen, die einen schützenden Einfluß darauf haben sollten, vor Unheil zu bewahren. Solche Amulette kennen wir auch in Bildform, und wir möchten uns damit begnügen, nur einige typische davon zu nennen. Außer der Zahl 13 handelt es sich in den meisten Fällen um Glücks-Bringer: Kaminfeger am 1. Januar, das Glücks-Schwein, der Himmelskäfer, die »Spinne am Abend« etc.

Näher am symbolischen Glückszeichen stehen beispielsweise das vierblättrige Kleeblatt, das als biologische Abart ein wichtiger Hinweis für den Bauern auf die gute Qualität der Erde war, denn diese Abart entsteht nur auf bestimmtem Boden. Das Hufeisen ist ebenso ein begründetes Zeichen der Fruchtbarkeit, denn das Finden eines Hufeisens ist die Bestätigung einer langen Beackerung, auch ein respektvolles Fundstück, manchmal aus ferner Ahnenzeit.

Glücks-Zeichen

II Das Symbol

1. Was ist symbolisch?

Beim Betrachten von Bildern, Skulpturen, Bauwerken, von allerlei Zierat, ja selbst von Ornamenten auf Gebrauchsgegenständen, ganz gleich aus welchem Zeitalter – angefangen bei den Funden der Steinzeit bis zur heutigen Malerei – stellt sich immer wieder die Frage: Was ist damit gemeint? Was verbirgt sich dahinter? Das Bildhafte oder die Verzierung ist ja zumeist nicht eindeutig in der Aussage oder verständlich »lesbar«. Der Betrachter vermutet einen dahinterliegenden Sinn und sucht nach einer Deutung. Diese oft undefinierbare Aussage-Möglichkeit einer Darstellung wird auch mit dem Ausdruck »symbolischer Gehalt« bezeichnet.

Dieses Symbolische im Bild ist ein unausgesprochener Wert, es ist ein Mittler zwischen der erkennbaren Realität und dem mystischen, unsichtbaren Reich der Religion, der

Malerei auf einem ägyptischen Sarg

Jugoslawische Ikone
aus dem 12. Jahrhundert

Philosophie und der Magie; sie reicht deshalb vom bewußt Verständlichen bis in den Bereich des Unbewußten. Insofern kann man sagen, daß der Künstler oder Kunsthandwerker in Wirklichkeit ein Vermittler zwischen zwei Welten, einer sichtbaren und unsichtbaren ist. In älteren Zeiten wurde das Kunsthandwerk an sich als etwas »Wunderbares« angesehen, und sein symbolischer Wert war um so größer und anbetungswürdiger, je vollkommener das Werk in seiner ästhetischen Perfektion den Gehalt zum Ausdruck brachte. Ein typisches Beispiel hierzu wäre die Ikone, deren Schönheit, vielfach unterstützt durch eine gewisse Stilisierung, vollständig darin aufgeht, den symbolischen Gehalt durchscheinen zu lassen und den Betrachter zu erleuchten.

2. Vom Symbol-Bild zum Symbol-Zeichen

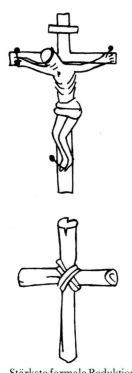

Stärkste formale Reduktion
vom symbolischen Bild zum
symbolischen Zeichen

Im Gegensatz zu dieser Steigerung des symbolischen Bildes zu vollkommener Schönheit finden wir auch die Tendenz zur Vereinfachung vor, in der das Bildhafte über die formreduzierte Darstellung bis zum Zeichenhaften abgebaut wurde. Beispielhaft dafür ist das Symbol-Bild des gekreuzigten Christus, das von keinem Menschen der westlichen Welt als anekdotische Illustration etwa gewertet wird, sondern als vollkommenes Objekt der Anbetung, also als Symbol des christlichen Glaubens. – Im Gegensatz zu dieser Bild-Vollkommenheit ist es möglich, in einer Berghütte oder im Zelt des Wanderers zwei zusammengebundene Hölzer zu finden, die das gleiche Kreuz darstellen und damit – selbst in Abwesenheit jeglicher figürlicher Darstellung und auch jeder Ästhetik – denselben symbolischen Gehalt für den gläubigen Menschen bedeuten. Das Bild hat sich zwar zum einfachen Zeichen reduziert, die symbolische Ausdruckskraft ist jedoch absolut identisch geblieben.

Diese Bild-Zeichen-Reduktion entspringt im Vergleich zur Schriftentwicklung nicht einer Gesten-Reduktion des Schreibenden, sondern dem Bedürfnis des Gläubigen, ein Abbild des ursprünglichen, wirklichen Bildes bei sich zu haben, sozusagen um an dessen Ausstrahlung teilzuhaben; wie der Abergläubische ja auch, indem er ein Amulett trägt, irgendeine höhere Kraft auf sich übertragen will.

Die symbolische Wertstufung ist also nicht abhängig von einer Perfektion der äußeren Gestalt, sondern von der inneren Bereitschaft des Betrachters, seine Überzeugung, seinen Glauben in einem Meditationsobjekt, also in einem Symbol zu fixieren.

3. Die unklare Verwendung des Begriffs »Symbol«

Oft wird heute die Bezeichnung »Symbol« zu Unrecht verwendet, beispielsweise für neu erfundene Zeichen, Marken und Signale, insofern diese sich von den alphabetischen und numerischen Zeichen abheben. Es dürfte allerdings schwierig sein, diese Gewohnheit in Zukunft zu ändern. Ein Wissenschaftler wird eine neu entdeckte Formel stets wieder zu einer neuen Zeichen-Einheit benutzen wollen, indem er ein sogenanntes neues »Symbol« dafür findet oder erfindet, das im Grunde genommen im Bereich des reinen wissenschaftlichen Zeichens liegt und die Benennung »Symbol« in keiner Weise rechtfertigt.

Andererseits ist es auf dem Gebiet des nichtalphabetisch graphischen Ausdrucks in unserer Umwelt schwierig, Gewißheit über den symbolischen Ausdrucksgehalt irgendeiner Figur zu erlangen.

Ein prägnantes Beispiel dafür ist das Zeichen der zwei gekreuzten Knochen. Auf dem Banner der Kriegerschar oder auf dem Segel des Piratenschiffes erscheint es als heraldische Signatur eines Bundes. Auf der Arzneidose wird es zum Signal für »giftig« und schließlich auf der Lederjacke eines Motorradfahrers zum Symbolzeichen für das Bekenntnis zum Risiko.

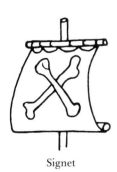

Signet

Signal

Symbol

III Der graphische Reichtum der figürlichen Symbole

Die nachstehenden Tafeln folgen in ihrer Reihenfolge, Zusammenstellung und Auswahl der Zeichen weder der Absicht einer historisch-geographischen noch einer philosophisch-metaphysischen Deutung. Die Begründung der Auswahl und die Gegenüberstellung liegen in der gleichen Richtung wie die Betrachtungen der voranstehenden Studien in Band 1 und 2, nämlich darin, die Zeichen-Elemente vom Gesichtspunkt des graphischen Ausdrucks her zu verstehen. Unser Interesse geht vor allem dahin, zu zeigen, wie figürliche Darstellungen durch angewandte handwerkliche Techniken im Zusammenhang mit dem verwendeten Material vereinfacht, verändert oder wiederum komplexer geworden sind. Andererseits scheint es uns, daß durch das Nebeneinanderlegen von gleichartigen Zeichen aus verschiedenen Epochen und Kulturbereichen die ursprüngliche Absicht einer Zeichengestalt deutlicher zu erkennen ist und damit besser verständlich für uns wird. Demzufolge sind auf den Tafeln möglichst nur Darstellungen eines einzigen Gegenstandes oder einer einzigen Art zusammengestellt.

Der Ablauf folgt einer logischen Reihenfolge, indem sich die konkreten Bild-Zeichen, ähnlich wie beim Übergang von Bilderschriften zu Zeichenschriften, nach und nach in abstrakte Zeichen verwandeln. Diese Gliederung entspricht vielleicht schon einer gewissen historischen Entwicklungsfolge, denn es ist unübersehbar, daß mit der steigenden geistigen Regsamkeit des Menschen von der Frühzeit her eine zunehmende Abstrahierung einherging.

Dazu kommt, daß ein in seiner Form reduziertes Symbol wohl erinnerungsstärker wirkte als das gemeine Bild und daß gerade das verschlüsselte Geheimnis im unfigürlichen Zeichen zur Meditation, aber auch zum okkulten Bereich mehr Anreiz bot.

Von rein figürlichen, das heißt mehr oder weniger naturgetreuen Abbildungen wurde vollkommen abgesehen, obwohl in der symbolischen Tradition die bildliche Gestalt als solche eine bedeutende Stellung einnimmt. Auch in die-

Sirene, symbolisch bildhafte Zeichnung aus dem 15. Jahrhundert. Wie weit vom Zeichen entfernt!

31

sem Zusammenhang haben wir der vorgegebenen Linie zu folgen, nämlich der Thematik »*Der Mensch und seine Zeichen*« so getreu wie möglich zu folgen, indem ausschließlich das wirklich Zeichenhafte menschlicher Aufzeichnungen als Gesamtheit in den Vordergrund tritt.

1. Wie Bilder zu Symbol-Zeichen werden

a Der Stilisierungs-Prozeß

Der Ausgangspunkt einer Untersuchung über die sichtbare Formulierung einer Darstellung wird zunächst die gegenständliche Unterlage, das Objekt als Träger eines Bildes, eines Zeichens oder einer Verzierung sein. Das *be*-zeichnete Objekt ist denn auch für die Interpretation der symbolischen Aufzeichnung von wesentlicher Bedeutung. Unzweifelhaft kann ein und dasselbe Zeichen, angebracht auf einem Nahrungsbehälter etwa oder einem Altar, auf einem Kleidungsstück oder einem Grabmal nicht dieselbe einheitliche Aussage bedeuten. Zugleich ist aber festzuhalten, daß beim *Symbol* (gegenüber dem reinen Zeichen) die Darstellung in ihrer Gestalt eng mit dem Dargestellten verbunden, das Zeichenhafte also nur aus der *Gestalt*reduktion zu begreifen ist.

Schon im frühesten Stadium des menschlichen Geistes trat eine Gemeinschaft zwischen dem Homo sapiens und dem Gegenstand ein. Es war der Stock, der den Arm zum festeren Schlage verlängerte, der Stein, der die Hand zur harten Waffe werden ließ. Von der Waffe zum Werkzeug, von der Bekleidung zur Behausung steigerte sich die Anzahl von Gegenständen; durch ständigen Gebrauch wurden sie zu unentbehrlichen Gefährten.

Der rein sachlichen Bewertung hinsichtlich des Nützlichkeitsgrades folgte eine affektive Wertstufung, indem das Objekt zum begehrten Eigentum wurde. Was lag im Zusam-

1 bis 3 Stark stilisierte figürliche Darstellungen. In die runde Form der Münzen ist die Stellung der Glieder eingepaßt. Auf keltischen Münzen.   4. Die Einpassung von Herold-Bildern in die Schildfläche führte im Verlaufe des Mittelalters zu unzähligen Varianten von Bildstilisierungen.   5 In die Kreisform einer Spindelscheibe eingepreßte menschliche Figur. Sogar das zentrale Loch ist als Schild mit in die Bildkomposition einbezogen. Gebrannte Tonerde. Altmexiko.   6 Japanisches Familien-Zeichen. Durch die totale Integrierung der Vogelfigur in einen Kreis erhält das Zeichen einen übernatürlichen Ausdruck. Stickerei.   7 Die Verzerrung der naturalistischen Figur zur Raumausschmückung wurde hauptsächlich auf dem Gebiet der Heraldik angewendet. Typisches Beispiel: ein Satteltuch, in dessen Fläche die Löwenfigur aufs äußerste verformt wurde. Stickerei. England.   8 Eine interessante Formanpassung stellt diese Porzellanmalerei dar, in der das bekannte Drei-Fisch-Zeichen mit umgeschweiften Schwänzen eingepaßt wurde. Gebrannte Tonerde. Spanien.   9 Ein der Form der Außenwand eines Sarkophags (Steinsarg) hervorragend angepaßtes, stark stilisiertes Wikingerboot. In Stein gehauen. Skandinavien.   10 In Langholz geritzte Schlange, komplett in die Form des Bretts integriert. Dahomey.

Formale Anpassung an den Bildträger

menhang mit dieser Zuneigung näher, als den Gegenstand zu »signieren«, ihn mit einem Kenn-Zeichen zu versehen. Dieser Aneignungsprozeß, begleitet von einer erwachenden ästhetischen Empfindung, führte zur Verzierung. Andererseits entstanden aus mythischem Glauben an übermenschliche Kräfte sinnbildliche Aufzeichnungen, die der Waffe mehr Sicherheit, dem Werkzeug größeren Nutzen verliehen, um die Behausung vor Unheil, den eigenen Körper vor Krankheit und Tod zu schützen.

Am Anfang war also nicht das Zeichen, sondern der Gegenstand! Form und Materie des Gegenstands haben die Zeichnung bestimmt. Dieser Anpassungsvorgang wird heute »Stilisierung« genannt. Die Zeichnung paßt sich dem Material und der Form der Unterlage an und erhöht dadurch einen zeichenhaften Ausdruck. Diese Tendenz zum Zeichen hin rückt wiederum das Bild näher in den Bereich eines symbolhaften Ausdrucks.

b Die Vereinfachung durch Material und Werkzeug

Um den graphischen Effekt der Zeichen richtig einzuschätzen, sind die Erkenntnis der strukturgebenden Unterlage sowie die Eigenschaft des Instruments unabdingbar. In Stein kann geritzt oder gehauen, in Holz gebrannt oder geschnitzt, in Textilien eingewoben oder gestickt werden. So entwickelten sich aus dem Verhältnis zwischen Material und Werkzeug die formalen »Typisierungen« von Zeichengebungen vieler Arten (siehe Band 1, VIII Die Vielfalt der Erscheinung). Aus diesem Grunde ist in den Legenden des vorliegenden Bandes zu den Illustrationen möglichst der Hinweis über die angewandte Technik angegeben.

Zur Illustration eines einheitlichen Ausdrucksbereiches wurden auf einer Tafel die typischsten Muster-Zeichen der orientalischen Teppichweberei zusammengestellt. Die symbolische Bedeutung der einzelnen Figuren ist hier nicht mehr

---

1 bis 10 Eine Auswahl der gebräuchlichsten Teppichknüpfmotive. Die Zeichen sind meist zentral-symmetrisch aufgebaut. Interessant war bei der Auswahl, auf die verschiedenartige Behandlung der Endungen zu achten. In 1 und 2 finden wir den Ansatz zum Mäander. In 4 und 5 ist die Einbiegung rankenartig, im Gegensatz zu 6, wo die Endungen sehr kahl wirken (selten). 9 Kreuze finden sich nur in nördlichen Regionen. Kaukasus. Die Zick-Zack-Umrandung wird »laufender Hund« genannt. In den Motiven 11 bis 19 sind Blumen- und Pflanzenmotive zu erkennen. 14 stellt eine Baumwoll-Frucht dar, 15 eine Nelke, 17 eine Ähre, 18 ein Eichenblatt. 20 und 21 sind die berühmten »Boteh«-Zeichen, über deren Ursprung sich die Fachwissenschaftler noch nicht einigen konnten: Mandel, Wassertropfen, Feige etc. Ein typisches Ornament mit Symbol-Gehalt, dessen Deutung verlorenging. Die restlichen Zeichen der Tafel sind figürliche Zeichen und stammen deshalb auch aus nördlichen Zonen. 22 Drachen, 23 Kamel, 24 Kanne, 25 Hund mit Kreuz am Schwanz, 26 Krebs. 27 ist ein reiches Webmuster von einem schwedischen Teppich, der Lebensbaum ist mit phantastischen Tierfiguren dargestellt.

Musterzeichen der Webetechnik

mit Sicherheit zu deuten, der tiefere Sinn der zum Ornament gewordenen Bilder und Zeichen liegt weit in der Vergangenheit und ist durch den ständig wiederkehrenden Gebrauch, auch durch die sehr im Vordergrund liegende Tendenz zu stärkster ornamentaler Wirkung hin zum großen Teil in Vergessenheit geraten.

Andererseits wäre in Betracht zu ziehen, daß die Technik der Teppichweberei und -knüpferei ihre größte Verbreitung in den Ländern des mohammedanischen Glaubens gefunden hat, die eben die Darstellung von Mensch- und Tierfiguren, ja selbst von unstilisierten Pflanzen als Schmuckelemente ausschließt. Dies ist bestimmt ein weiterer Grund, der bis zur Unkenntlichkeit der Objekte geführt hatte.

Der Reichtum der Ornamentik im Orientteppich ist wohl auch auf die klimatischen Bedingungen der vegetationsarmen Gegenden zurückzuführen. Wenn der Nomade in der Wüste seinen Gebetsteppich in Richtung Mekka ausbreitet, umgibt er sich in seiner Vorstellung mit einem Zaubergarten.

Im Gegensatz hierzu werden die Muster in nördlichen Zonen viel subtiler, meist sind sie auf Musterstreifen in der gewöhnlichen Stofffläche beschränkt, und die Musterelemente sind sichtbar-figürlich geblieben (siehe auch die Tafeln der Tier- und Pflanzen-Symbole).

c Gigantische Symbol-Zeichen

Ein ungeklärtes Rätsel sind bis heute die gigantischen Symbol-Zeichen geblieben, deren Entdeckung in vielen Fällen erst Luftaufnahmen zu verdanken ist. Was waren die Beweggründe der Menschen, die im südlichen England, in der peruanischen Pampa, oder in der chilenischen Wüste Atacama Riesen-Zeichen figürlicher oder abstrakter Art auf dem natürlichen Boden anbrachten? Die Figuren nehmen derartig große Dimensionen ein, daß sie in ihrer Gesamtheit von der Erdoberfläche aus kaum erkannt werden können. Es

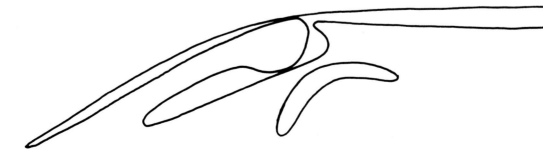

ist anzunehmen, daß die Herstellung einer solchen Zeichnung, also der kreative Akt an sich, im Verlauf einer Glaubenszeremonie vor sich ging.

Die überdimensionale Ausdehnung spricht wohl auch für eine gewisse Reaktion oder auch eine Gegenaktion gegen das gewaltig Unbegreifliche von Dämonen und Gottheiten. Die »unmenschliche« Ausdehnung der Bilder war eine Möglichkeit, dem Überdimensionierten zu begegnen.

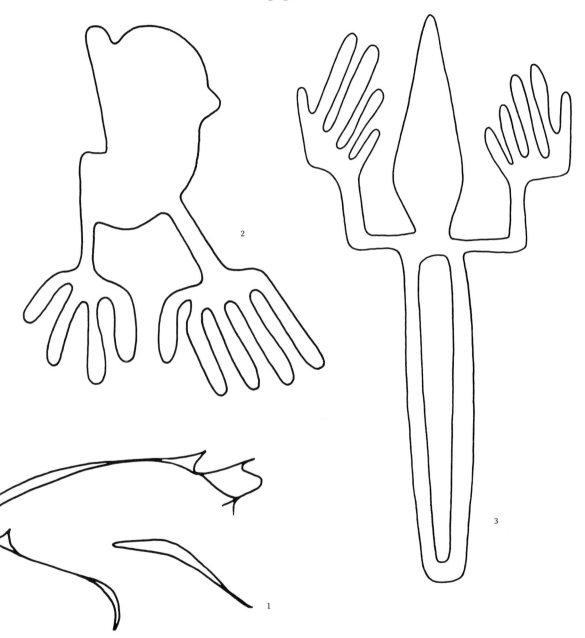

1 Das weiße Pferd von Uffington, England. 10 m lang in die Kreideschicht unter dem Gras eingehauen.   2 »Nozca«, in der peruanischen Pampa eingehauene Affenfigur (nach Maria Reichs Deutung) von 50 m Höhe.   3 »Nizca«. Gigantisches Reptil, in den steinernen Boden der Pampa in Peru eingehauen.

2. Tier-Symbole

a Von der Vielfalt zur Einfalt. Darstellung des Vogels

Für den an den Erdboden gebundenen Menschen müssen die Vögel, die sich in die Lüfte zu schwingen vermochten, von jeher begabte Geschöpfe mit »überirdischen« Fähigkeiten gewesen sein. Es ist sozusagen eine Verkörperung des Symbolischen, daß der Vogel sowohl mit dem Irdischen als auch mit dem »Himmlischen«, also nach der primitiven Vorstellung mit dem Jenseitigen des Lebens, verbunden ist. Deshalb ist es nicht verwunderlich, daß alle fliegenden Tiere sehr starke Anziehungsobjekte für symbolisch-mystische Glaubensregungen gewesen sind, deren Darstellung wir in allen Kulturkreisen und bereits in der Steinzeit finden. Interessant ist dabei vor allem, daß die Fähigkeit des *Fliegens* auch anderen Geschöpfen verliehen wurde, indem man ihnen als Attribute *Flügel* anhängte. So wurde die geflügelte Schlange zum übermächtigen Drachen und der geflügelte Mensch zum göttlichen Engel.

Eine Ausnahme zur Assoziation »Feder-Fliegen« bildet der Pfau: er besitzt ein ebenso markantes Symbol-Gefieder, das aber des aufgeschlagenen Rades wegen in der Mythologie als Sonnen-Symbol, als Abbild des Sternenfirmaments, als Augen aus dem Jenseits etc. gedeutet wurde.

Das Attribut »Flügel«

Byzantinische Malerei
1100 n.Chr.

1 Stilisierte, aber realistisch dargestellte Vogelfigur mit Attributen (Deutung unbekannt). Vorchristliche Freskomalerei. Turkestan.   2 Symbol Karls des Großen. Webarbeit in Seide auf seinem Mantel. Beachtenswert ist die mit Symbolen überhäufte Figur: Sonne, Lilie, Waage, Träne und nicht zuletzt der Heiligenschein.   3 Ungewohnte Darstellung eines Pfaus mit geschlossenen Radfedern. Mosaik, Ravello.   4 Gotischer Adler, stark stilisiert. Metallfassung mit eingelassenen Steinen. Schmuckstück aus Spanien.   5 Doppel-Vogel auf altmexikanischem Keramikstempel.   6 und 7 Fliegende Vögel, Keramikmalerei aus Griechenland und China.   8 Typisches, nur aus Bogen geformtes Vogel-Zeichen von der Osterinsel. In Holz geschnitzt.   9 Traum-Vogel »Träger des Schlafes«. In Rinde gebrannt. Skandinavien.   10 Stoffmalerei. Elfenbeinküste.   11, 14 und 15 Sehr stark abstrahierte Vogel-Zeichen des Hopi-Volkes. Arizona.   12 und 13 Vogelmotive, durch die Webtechnik stark stilisiert. 12 Perusa, 13 Skandinavien.   16 Vier Vögel zum Ornament verbunden und aufs äußerste abstrahiert. Nordamerikanische Indianerkunst auf Leder.

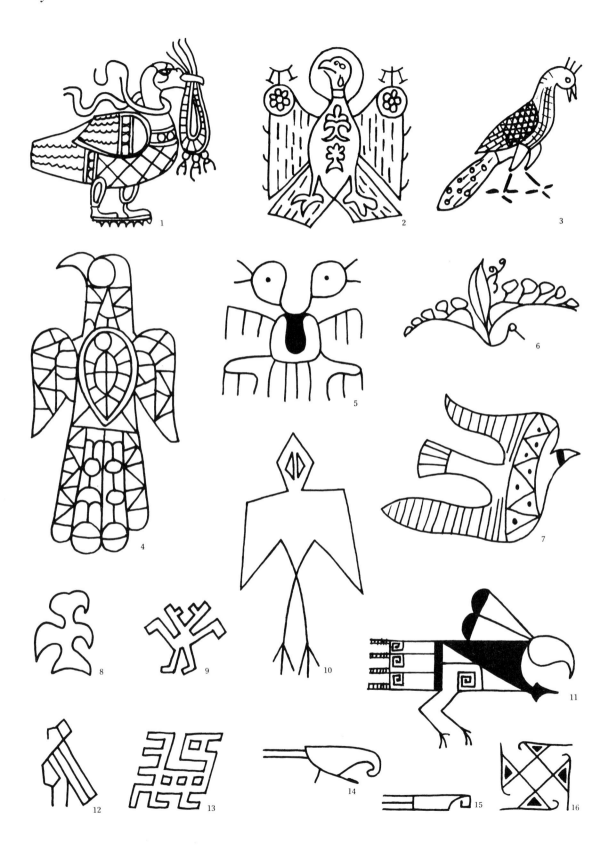

In der Auswahl der zusammengestellten Darstellungen liegt die Absicht, einen Querschnitt durch die Verschiedenheit der Bildformulierungen zu geben, welche Material- und Werkzeuggebundenheit zeigen. Die majestätische Frontalansicht (eine sehr gebräuchliche Art, den Vogel stehend *und* fliegend zugleich zu zeigen) der feinen Stickerei auf dem Mantel Karls des Großen sucht den Ausdruck der Vollkommenheit in der Bildgebung, wobei jede Einzelheit in feinster Kleinarbeit ausgeführt wurde. Die Zeichnung ist keineswegs auf eine realistische Wiedergabe des Tieres ausgerichtet, es handelt sich vielmehr um ein »Übertier«, reich geschmückt mit symbolbeladenen Motiven.

Als Gegenpol finden sich unten links Vogelsilhouetten in äußerster Vereinfachung, gegeben durch die einzige gerade und die querverlaufende Linienführung, die der volkstümliche Webeprozeß erlaubt.

Die Vogel-Interpretationen der Indianer Nordamerikas sind in ihrer Vereinfachung noch prägnanter, weil diese Figuren nämlich nicht allein aus einer rein materiellen Begründung vereinfacht wurden (Malen, Ritzen oder Einbrennen erlauben eine komplexere Zeichnungsart), sondern weil in ihnen verinnerlichte Bewegung zur Vereinfachung – vielleicht im Sinne der Bildreduktion zum absoluten Zeichen hin – auf ganz bemerkenswerte Weise zum Ausdruck kommt. Es wird über eine geistige Regsamkeit bekundet, auch ohne Worte viel auszusagen. Das Bild ist hier auf bewußte Art zum Sinn-Zeichen, zum Symbol geworden.

b Von Leben und Tod. Das Schlangen-Symbol

Die Schlange ist dasjenige Lebewesen, das mit der größtmöglichen Einfachheit dargestellt werden kann. Ein gekrümmter Strich allein, vielleicht mit einer Verdickung am Kopfende, genügt zu seiner Darstellung. Diese «Leiblosigkeit» muß wohl eine der Attraktionen gewesen sein, die diese aufs äußerste vereinfachte Figur in allen Zeiten als eine der geheimnisvollsten Darstellungen auftreten läßt.

Selbstverständlich stehen jedoch viel tiefere Begründungen als diese rein mechanisch-zeichnerischen als Schwerpunkte der Schlangen-Symbole im Vordergrund. Die Schlangengestalt ist als symbolischer Archetyp zu werten. Sein Vorhandensein im Unterbewußten des Menschen ist unbestreitbar. Als wichtigste Assoziation kann die Angst vor dem tödlichen Biß genannt werden, also vor einem in der

Erde, im Gras, im Laub oder im Steinhaufen versteckten Wesen, das den Tod zu bringen vermag.

In der Auseinandersetzung mit der primitiven Angst erhielt die Schlange in vielen Kulturkreisen einen hohen Rang
in der Versinnbildlichung der Entscheidung über Leben und
Tod.

Die eher figürliche Assoziation der Schlange mit dem
Phallus, zusammen mit der Vorstellung des wurzelhaften,
aus dem Unterirdischen hervorhebenden, halb unsichtbaren
Lebensquell stellte das Tier in ein absolut ambivalentes
Licht: Tod bringend – Leben erzeugend.

Eine noch subtilere symbolische Bedeutung muß das
Phänomen des Verlassens der alten Haut im Zusammenhang mit der tiefgegründeten innerlichen Beschäftigung des
Menschen mit der Wiedergeburt und der Unsterblichkeit
gehabt haben.

Das Symbol-Zeichen der kreisförmigen Schlange, die den
Schwanz im Maul haltend sich selbst aufzufressen scheint,
also sich durch den eigenen Tod selbst zu ernähren *oder* zu
vernichten vermag, ist eine eindeutige Symbolik für eine
ständige Wiederkehr. Der Gedanke an eine Wiedergeburt
gleicht der Darstellung vom Geheimnis einer Ewigkeit.

Im abendländischen Gebrauch ist denn auch die
Schlange zum Symbol und später zum Wahrzeichen, zur
Signatur der Wissenschaft für die Heilkunde geworden. Als

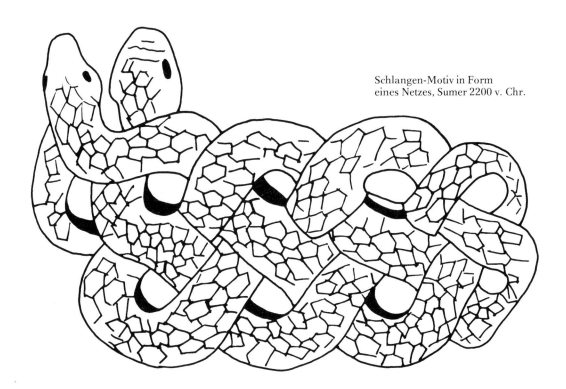

Schlangen-Motiv in Form
eines Netzes, Sumer 2200 v. Chr.

Der Mond über der Sonne
führt zur Schlangenform

Mondsichel und Schlange
sind formverwandt

Mesopotamischer
Schlangenknoten

Attribut des griechischen Gottes der Heilkunde windet sie sich um den Äskulap-Stab, später finden wir sie verdoppelt um den geflügelten Merkurstab geschlungen. Diese Symbole werden heute noch verwendet, um den Arzt oder die Apotheke zu kennzeichnen.

Eine interessante These über den Ursprung des Hermesstabes ist die Annahme, die Schlangenform sei aus einem altgriechischen Zeichen, einer Übereinanderstellung von Sonne und Mond entstanden. Es ist denn auch anzunehmen, daß die formale Ähnlichkeit der Mondsichel mit der Schlange zu Gedanken- und Deutungsverbindungen führte, denn auch der Mond in seiner ständigen ab- und zunehmenden Bewegung war Symbol der Fruchtbarkeit, der Schwangerschaft, des ewigen Erscheinens und Verschwindens.

Eine weitere Assoziation bilden Schlange und Ei. Die spiralhafte Schlingenform, die das Ei umkreist, ist die Versinnbildlichung der kosmischen Umfassung der Welt, die Beherrschung allen Lebens.

Die Form des langgezogenen bandartigen Schlangenkörpers, auf seiner Oberfläche versehen mit rhythmischen Flecken-, Strich- und Farbmustern, bildete an sich eine ideale »Motivation« zum Ornament. Wie wir noch in einem nachstehenden Kapitel erwähnen werden, sind Spiralen, Schlingen, Knoten etc. stark symbolhaltige Abstraktionen. Der Schlangenleib in seiner linearen Form erlaubt es dem Künstler, das Figürliche mit dem Abstrakten aufs engste zu verbinden. In der flächigen als auch in der linearen Ornamentik spielt die sogenannte Schlangenlinie eine wichtige Rolle.

1 Der Äskulap-Stab, umschlungen von einer heiligen Gottesschlange. Sie war das Wahr-Zeichen des griechischen Gottes der Heilkunde. Es ist bis heute das Wahr-Zeichen der Ärzte geblieben. 2 Die Doppelschlange wurde durch Jahrtausende hindurch als Trägerin tief symbolischer Begriffe verwendet. Der geläufigste ist der von zwei Schlangen umwundene Hermes- oder Merkur-Stab. 3 Die um das kosmische Ei geschlungene Schlange ist das griechische Symbol göttlicher Vorsehung. 4 Eine weitere sehr stark symbol-haltige Schlangenfigur ist der sogenannte Schlangenring, bei dem das Tier seinen eigenen Leib verzehrt, den Schwanz im Maul haltend. Diese Darstellung findet sich schon in der ägyptischen Mythologie. Wir finden sie jedoch ebenfalls in fernöstlichen sowie in abendländischen Kulturkreisen. Die Abbildung zeigt das Zeichen als afrikanisches Symbol, in Ton modelliert. Dahomey. 5 Auf einer indischen Münze wurde dieses Swastika-Zeichen mit Schlangenköpfen an den Strich-Enden gefunden. Wahrscheinlich handelt es sich um ein Sonnen-Zeichen mit den aggressiven Strahlen sengender Hitze in den Tropen. 6 Schlange als Trägerin der Wolken. Indianerzeichnung. Nordamerika. 7 Der Patriarch befruchtet die sieben heiligen Eier. Zeichnung. Australien. 8 Doppelschlangenmotiv. Teppichweberei. Turkestan. 9 Die ägyptische Gottheit Tum erscheint in einer Schlangenfigur. Typisch dabei ist der ausgesprochen körperhafte Leib. 10 Eindrucksvolle Doppelschlange mit unerwartet dickem Leib und ohne Schwänze. Felszeichnung. Südafrika. 11 Schlangenornament, im Sandstreuverfahren auf den Boden gezeichnet. Zentral-Indien. 12, 13, 14 Schlangendarstellungen auf altmexikanischen Keramikstempeln.

Die bandartig lineare Schlangengestalt ist an sich schon ein Zeichen

Ägyptischer Gott Hathor

Der Heilige Geist

c Weitere Tier-Symbole. *Archetypen des Unterbewußten*

Zwischen Mensch und Tier bestehen seit Urzeiten Beziehungen, deren Wurzeln in tiefsten Zonen der Psyche verankert sein müssen. Tiere spielen von jeher im Unterbewußten des Menschen als wesentliche Archetypen alles Instinktiven, als Symbole von Prinzipien materieller, geistiger, ja kosmischer Kräfte eine Rolle.

An Beispielen zur Illustration dieser Tatsachen fehlt es nicht. Gottheiten vieler erwachender Kulturkreise sind verkörpert durch Tierfiguren: alle ägyptischen Götter trugen Tierköpfe. Dies trifft auch für den assyrischen Gott »Nisroch« mit dem Adlerkopf zu. Eine der wesentlichen Götterfiguren Indiens ist heute noch »Ganesha« der Elefant. Die Gottheit der Azteken war die grün gefiederte Schlange »Quetzalcoatl«. Der Gott »El« der alten Hebräer war durch die Figur eines Stieres verkörpert, ein späteres Erscheinen derselben Figur finden wir im alttestamentlichen »Goldenen Kalb«.

Uns näherstehend sind die durch Tiere symbolisierten Evangelisten, Christus selbst wird als »Lamm Gottes« bezeichnet, und der Heilige Geist wurde durch eine herunterfliegende »Taube« sichtbar gemacht.

Johannes = Adler

Matthäus = Engel

Lukas = Stier

Markus = Löwe

1 Das Fisch-Zeichen war ein hebräisches Symbol für den »Erlöser«. Später benutzten es die ersten Christen in Rom als geheimes Zeichen während der Zeit ihrer Verfolgung. Es wurde u. a. in die Wände der Katakomben geritzt.   2 Doppelfisch. Chinesisches Symbol. Porzellanmalerei.   3 Dreifacher Fisch mit gemeinsamem Kopf. Die Symbolik der Dreieinigkeit tritt hier sehr klar hervor. Buchmalerei. Spanien. Dasselbe Zeichen wird in Indien in der Sandstreutechnik ausgeführt.   4 Spinne. Der Archetyp eines Tier-Symbols. Aus vielen Gegenden der Welt, oft im Zusammenhang mit dem Spinnennetz.   5 Schneckenhaus. Beziehung zur Spirale, aber auch zu den Begriffen Gehäuse, Schutz, Behutsamkeit. Altes Bauern-Symbol. Nordeuropa.   6 Das griechische Nautilus- oder Muschel-Symbol, das Geheimnis des Meeres versinnbildlichend.   7 Wolfs-Pferd, das furchterregende Geistertier. Auf einer Axt graviert. Kaukasus.   8 Doppelkrokodil. Auf einem Stempel. Ghana.   9 Hund. Ritzfigur. Ghana.   10 Tintenfisch. Ein häufig erscheinendes Tier-Symbol, das Mysterium, Tiefe und Gefahren des Meeres versinnbildlicht. Auf eine Vase gemalt. Kreta.   11 Drache. Auf einem chinesischen Wappen. Gestickt.   12 Eidechse oder Krokodil (zwei komplett verschiedene Symbol-Grundlagen). Keramikstempel. Altmexiko.   13 Katzenfisch. Elfenbeinschnitzerei. Nigeria.   14 Stierkopf mit Doppelaxt gekrönt. Zusammenfassung von zwei Symbolen für Kraft, Macht, Sieg und Gericht. Auf einem Grabmal auf Kreta.   15 Pferde-Spinne. Geistertier wie bei 7. Kaukasus.   16 Frosch. Ein weitverbreitetes Symbol des Amphibien-Prinzips. Afrikanischer Gewichtsstein in Form eines Frosches.   17 Steinbock mit Kreishörnern. Darin sind mythische auffliegende Sonnenvögel dargestellt. Keramikmalerei aus Mesopotamien (3500 v. Chr.).

Beispiele aus dem unbegrenzten Reichtum der Tier-Symbole

Heute noch werden auf das Tier menschliche Eigenschaften projiziert, die sogleich in bildhafter Weise ihren Ausdruck finden. So spricht man geläufig von »schlau wie ein Fuchs«, »stark wie ein Löwe«, aber auch »dumm wie ein Huhn« oder »falsch wie eine Schlange«.

Die Psychoanalytiker machen gerne Gebrauch von dieser Situation, indem sie in der Deutung von Träumen (in denen das Tier auch wirklich häufig vorkommt) die Lösung von Konflikten und »Traumata« zu finden glauben.

Der Reichtum an graphischen Darstellungen von Tier-Symbolen ist so unendlich groß, daß das Anschauungsmaterial, das gezeigt werden könnte, einen viel zu umfangreichen Raum einnehmen würde. Auch in diesem Bereich möchten wir hauptsächlich die Entwicklung vom naturalistischen Bild zum Zeichen hervorheben. Die ausgewählten Beispiele stehen deshalb auch schon nahezu an der Grenze des erkennbaren Bildes. Die Stilisierung zum Zeichen hin ist unseres Erachtens ein Beweis, daß es sich weniger um Ornament oder Schmuck als vielmehr um Zeichnungen mit einer symbolischen Absicht handelt.

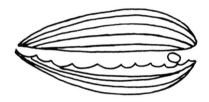

Die Muschel (»cauri« auf indonesisch)
ist das typische Beispiel eines Symbol-Tieres:
Analogie mit der Vulva, die eine Perle verbergen könnte (Glück).

1 Lilien-Zeichen. Die Symbolik dieses Zeichens ist zweideutig. Einmal bedeutet es Reinheit und Unschuld, andererseits wird darin aber auch ein Zeichen der Zeugung (Phallus in Vulva) gesehen. Das Zeichen bekam seine große Bedeutung in der Heraldik als königliches Symbol. Die Anzahl der Querstriche deutet eine Rangbezeichnung an.   2 Tulpe. Fruchtbarkeits-Zeichen.   3 Rose. Alle Rosenmotive sind ein symbolischer Ausdruck der Liebe.   4 Margerite. Ebenfalls ein Liebes-Symbol. Volkskunst des Abendlandes.   5 Kleeblatt. Das Zeichen des normalen Dreiblatts (im Gegensatz zum Vierblatt 10) ist Ausdruck des Wohlergehens.   6 Lebensbaum.   7 Maibaum oder Lebensbaum. Zeichen der Freude.   8 Totenbaum. Ein Beschwörungs-Zeichen.   6, 7, 8 sind alte Runen-Zeichen.   9 Lindenblatt. Versinnbildlicht den Tod.   a In der Siegfried-Sage fiel ein Lindenblatt zwischen die Schultern des Unverletzbaren.   b Das Zeichen stellt auch ein umgekehrtes Herz dar, von einer Waffe gestochen.   c Die Form der Lanzenspitzen ähnelt einem Lindenblatt.   10 Das ungeschlossene Vierblatt ist durch Übereinanderlegen von zwei rechts- und linkslaufenden Hakenkreuzen entstanden. Das vierblättrige Kleeblatt ist die Ausnahme in der Natur. Es wird meistens als Glücks-Zeichen verwendet, kann aber, wie alle ungewohnten Erscheinungen, in negativem Sinne gewertet werden.   11 Heliotrop oder Sonnenblume, die sich im Laufe des Tages stets nach der Sonne bewegt. Griechisches Symbol für Treue in der Liebe.   12 Kiefern-Zapfen. Altes semitisches Fruchtbarkeits-Symbol.   13 Die Ähre. Weltweit verbreitetes Zeichen der Ernte. Bedeutet Überfluß, Dankbarkeit, Hoffnung.   14 Maiskolben. Fruchtbarkeits-Symbol von großer Bedeutung. Vorkolumbianisches Zentral-Amerika.   15 Friedenszweig. Abendländisches Symbol im Zusammenhang mit der Geschichte Noahs.   16 Baum des Buddha und zugleich Form des göttlichen Thrones.   17 Die Pflanze der Unsterblichkeit aus der Gilgamesch-Legende.   18 Lotusblume. Ein vielverzweigtes Symbol der Blume, »die auf dem Wasser schwimmt«. Die Ägypter vergötterten sie. Unsere Zeichnung stellt die Lotusblume dar, aufgehend aus dem kosmischen Ei. Indische Malerei.   19 Chinesischer Lebensbaum. Jeder Doppelzweig bringt eine Blume hervor, nach dem Dualitätsschema des Yin und des Yang.   20 Pilz. Wiederum mit doppelter Bedeutung. Einerseits als »Glückspilz« und andererseits als Mahnung an das Gift.

Das Empfinden für Schönheit im Reiche der Pflanzen

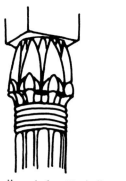

Ägyptisches Kapitell:
Geschlossene Lotusblume
darstellend

3. Pflanzen-Symbole

Der Mensch ist vom Reich der Pflanzenwelt umgeben. Ursprünglich füllte diese überhaupt den wesentlichsten Teil seines Lebensraumes aus. Der Wald bot ihm Schutz. Pflanzen, Früchte, Wurzeln sind auch heute noch wichtiger Bestandteil seiner Nahrung. Es ist deshalb auch in diesem Bereich nicht verwunderlich, daß Pflanzen aller Gattungen auch zu Symbolen geworden sind.

Symbol-Zeichen der Vegetation finden sich in allen Zivilisationen: als fundamentaler Ausdruck von Leben, Wachstum, Befruchtung, Samenerzeugung etc. Vielfach ist der Übergang vom primitiven Leben der Pflanze zum höheren tierischen und menschlichen Leben dargestellt. Ein Beispiel ist die vergöttlichte Lotusblume. Sie ist Verkörperung allen Lebens, das aus dem Wasser der Tiefe, gleichsam aus dem Nichts emporwächst. Aus der Blume selbst wiederum erwachsen alle höheren, kosmischen Mächte.

Eines der wichtigsten Symbole des Menschen ist der Baum. Seine Wurzeln greifen tief in das Unbekannte der Erde, sein Stamm war oftmals Hauptmast der primitiven Behausung (und wurde dadurch gemeinhin als Achse der Welt empfunden). Das Geäst schwebt, ähnlich dem Vogel, im Bereich der Luft, des Himmels, des Überirdischen. So ist das Gebilde des Baumes das Gleichnis einer Bindung zwischen Himmel und Erde, und es verkörpert in seinem Gefüge einen ausgeprägten symbolischen Gehalt. Die vielfältige Abhängigkeit des Menschen vom Baum – man bedenke allein die Wichtigkeit des Holzes für Feuer, Baustoff, Werkzeug, etc. – ließ ihn geradezu zum »Lebens«-Baum werden. Die Lebensdauer des Baumes ist im Vergleich mit derjenigen des Menschen um vieles länger; daraus erwuchs ein Gefühl der Ehrfurcht (der Ahne). Man spricht auch vom Baum der Weisheit. Im Keltischen wurde der uralte Eichenbaum zum geheiligten Ort, wenn nicht sogar zu Gott selbst erkoren.

Blüten und Blätter wurden in erster Linie als Vorlage zur Dekoration genommen. Die wachsende Empfindung für Schönheit brachte jedoch in die Welt der Pflanzen mit ihrer Farbenpracht und Formenfülle auch symbolischen Gehalt ein; Namen wie Edelweiß, Männertreu etc., aber auch Eigenschaftsbezeichnungen wie lilienrein verdeutlichen dies. Eindeutig symbolischen Gehalt haben ebenfalls Pflanzenteile wie beispielsweise Dornen oder Knospen, und auch der Palmenzweig ist heute noch als Friedens-Zeichen bekannt.

Im Kapitel über die Heraldik werden wir den Pflanzendarstellungen erneut in Fülle begegnen, wenn auch nicht mehr so sehr als eigentliche Symbole, sondern mehr als Kennzeichen oder sogenannte Embleme.

4. Die menschliche Gestalt als Symbol

a Der Körper als Gesamtfigur

Die naturalistisch bildliche Wiedergabe allein des (nackten) Menschenkörpers in der Absicht einer symbolhaften Aussage wäre im Grunde genommen ein Widerspruch, da nichts an ihm auf einen symbolischen Gehalt hindeutete. Es versteht sich deshalb von selbst, daß die alleinstehende Gestalt der menschlichen Figur überhaupt keine symbolische Aussage zu vermitteln vermag. Erst im Zusammenhang mit irgendeinem Gegenstand, einem Lebewesen, eingekleidet in ein bestimmtes Gewand oder versehen mit irgendeinem Attribut, entsteht der Eindruck des Symbolischen.

Solche Darstellungen der symbolisierten Menschengestalt selbst sind für den uns beschäftigenden Problem-Zusammenhang »Zeichen« denn auch nicht von Interesse. Um was es hier dagegen, im Hinblick auf die Thematik »Der Mensch und seine Zeichen«, geht, ist die Auseinandersetzung mit denjenigen Zeichen, in welchen die menschliche Gestalt als stilisierte Silhouette, oftmals schon sehr verfremdet, enthalten ist.

Es wurde schon früher darauf hingewiesen, daß die Kreuzform oder das Gabel-Zeichen ebenso wie das ägyptische Lebens-Zeichen in der menschlichen Gestalt ihren Ursprung hat. Ein sehr lebendiges Beispiel dieser zum Zeichen werdenden Körperhaftigkeit ist die von Rudolf Koch zusammengestellte mittelalterliche Zeichenreihe »Das Leben in der Familie«. Es handelt sich dabei wahrscheinlich um Steinmetzarbeiten, die in nicht-verbaler Weise einiges an Aussagen enthalten.

Die Geschichte der Mythologie, der Kunst, überhaupt der Gestaltung zeigt, daß der Mensch seinen eigenen Körper in der Hierarchie der Geschöpfe als das Vollkommenste angenommen hatte.

Das Abbild der menschlichen Figur wurde denn auch immer wieder als »maßgebendes« Zentrum, als Ausgangspunkt für die Konstruktion mythologischer, religiöser und philosophischer Weltbilder und als Erklärung des Kosmos verwendet. So finden wir in Indien Darstellungen der Menschenfigur, die in Zonen von metaphysischen Kräften und Aktionen eingeteilt ist. Bei den Griechen hatten alle Götter Menschengestalten. Im Abendland sind auf dem nackten Menschenbild aufgebaute pseudowissenschaftliche Schemata zu magisch-mystischen oder philosophischen Weltanschauungen geworden. Auf der Tafel ist eine solche symbolische Repräsentation einer Männerfigur in einem kosmischen Kreis abgebildet.

Wasserträger,
Webmuster aus Nigeria

Symbolische Menschenfiguren, abstrakt, stilisiert, konkret

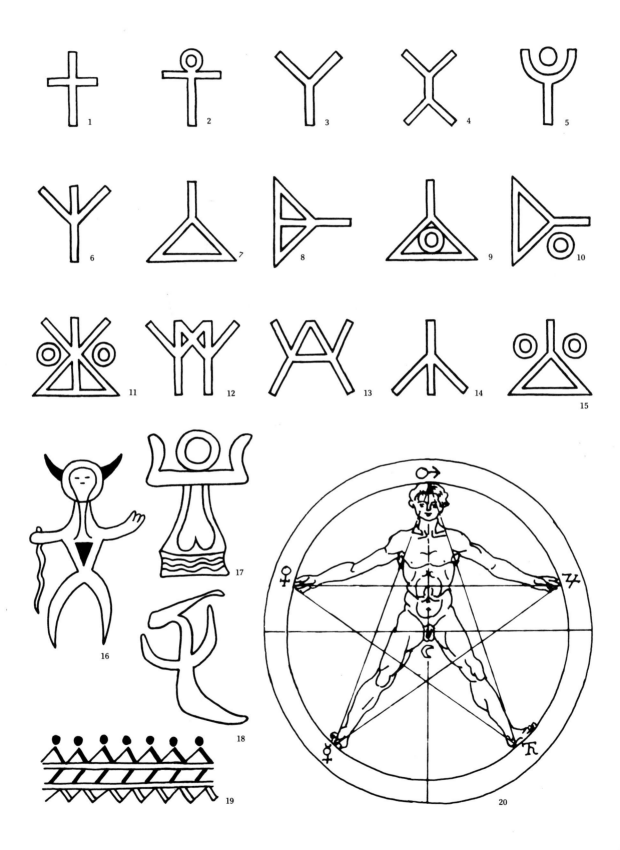

Im Gegensatz zu diesem Thema ist der Hinweis bemerkenswert, daß in der Mythologie des Islam jegliche figürliche Darstellung fehlt. Dies ist der Grund, weshalb die arabische Schrift eine so reiche und dekorative Vielfalt entwickelte, das heilige Wort des Koran immer wieder in geschriebener Form als Grundlage zum Ornament (Arabeske) diente.

b Teile des menschlichen Körpers

Es ist anzunehmen, daß die früheste Abbildung der menschlichen Geschichte der Abdruck des Fußes in der Tonerde, dann der Abklatsch der gefärbten Handfläche auf der Felswand war. Die Fähigkeit, ohne zeichnende Geste eine Abbildung zu erzeugen, hat wohl den frühen Menschen stark fasziniert. Die Technik vom Handabdruck auf Textilien ist in afrikanischen Stämmen heute noch gebräuchlich.

Handabklatsch, vielleicht die erste Felszeichnung

In der buddhistischen Mythologie besitzt der Fußabdruck Buddhas eine wesentliche Bedeutung und hat zu erstaunlich schönen Symbol-Zeichen geführt. In der imaginären Stufung der überirdischen Göttergestalt sind es die Fußsohlen, die der Erde am nächsten liegen. Aus dieser Vorstellung sind Fuß-Symbole entstanden, weil sie die einzigen zurückgelassenen Spuren der einst auf Erden weilenden Gottheit sind. Dieser Mythos ist auch im Hinduismus lebendig geblieben, daher kommt in nordindischen Malereien die Fußsilhouette immer wieder vor. Als Beispiel bilden wir den Fußabdruck des indischen Gottes »Vishnu« ab, auf dessen Sohlen sich eine Fülle von Symbolen findet.

Die Hand kann als derjenige Körperteil betrachtet werden, der am häufigsten im Gesichtskreis des Menschen erscheint. Seine Abbildung tritt dementsprechend häufig auf, und zwar nicht nur zur Wegweisung und zur Warnung.

Ein typisches Hand-Symbol ist zum Beispiel die Hand der Fatima, Tochter des Mohammed, geboren in Mekka, deren besonderes Merkmal in den beidseitigen Daumen besteht. Zur Erklärung dieser Fingerstellung gibt es viele Möglichkeiten: Die Silhouette kann die beiden Hände links und rechts, zum Gruß übereinandergelegt darstellen, hat sich aber vielfach ganz einfach zum symmetrischen Zeichen herausgebildet durch die millionenfache Wiederholung als Talisman:

1 bis 15 Abstrakte Zeichen, die eine starke Anlehnung an die Silhouette des menschlichen Körpers erkennen lassen. 1 Christus-Kreuz. 2 Ägyptisches Kreuz (siehe Kreuz-Zeichen). 3 Gabel-Zeichen (siehe Band 1, Dualität). 4 Doppelgabel oder Stütze. Zeichen für Sammlung, Festigkeit, Bereitschaft. 5 Lichtträger. Zeichen der Anbetung. 6 bis 15 Das Leben der Familie. 6 Der Mann. 7 Die Frau. 8 Mann und Frau im Liebesakt vereint. 9 Frau in Erwartung. 10 Geburt. 11 Familie. 12 Zwei Freunde. 13 Streit. 14 Toter Mann. 15 Witwe mit zwei Kindern. 16 Mondgöttin. Maya. 17 Göttin. Altpunisch. 18 Götterfigur. Altchina. 19 Galeeren-Ruderer. Ornament auf einem Gefäß. Afrika. 20 Mikrokosmisches Symbol, bezogen auf die menschliche Gestalt.

gezeichnet, graviert und ausgeschnitten. Die naheliegenden Blumenformen wie Lilien, Tulpen etc. sind möglicherweise an der Formgebung ebenfalls beteiligt.

Im christlichen Glauben ist die verwundete Hand des Gekreuzigten zu einem wesentlichen Symbol geworden.

Hand- und Fuß-Zeichen findet man als »Ex voto« (zum Dank für vollbrachte Wunder) an allen Kult- und Wallfahrtsstätten.

In den meisten Glaubenskreisen ist das Hand-Zeichen mit der segnenden Geste verbunden. In der buddhistischen Heilslehre findet sich eine ganze Gestensprache in den verschiedenen Positionen der Hände Buddhas.

Die Hand der Fatima

Fußabdruck des indischen Gottes Vishnu. Malerei aus Nepal.

1 Handabklatsch aus der Steinzeit. Auf einer Höhlenwand in Anatolien.   2 und 3 Fußabdrücke Buddhas. Zeichnungen. Indien.   4 Ex-Voto-Zeichen an Kultstätten. Indien.   5 Mohammedanisches Segens-Symbol. Die Hand der Fatima und die Mondsichel vereinigend.   6 Triskele. Gesicht und Kreis sind zu einem prägnanten Symbol vereinigt. Deutung unklar. Auf griechischer Münze.   7, 8, 9 Repräsentative Körperteile aus Indianer-Malerei. Nordamerika.   10 Vulva. Tantra-Symbol. Zeichnung. Indien.   11 Triskele oder Dreifuß. Symbol für Sieg und Fortschritt (siehe auch Swastika-Zeichen). Keramik-Malerei auf einer Vase. Griechenland.   12 Utchat, das heilige Auge. In Stein gehauene Hieroglyphe. Ägypten.   13 Das Auge Buddhas, in riesigen Dimensionen auf die Frontmauer der Stupa-Tempel gemalt. Katmandu. Interessant ist bei allen Darstellungen der Buddha-Augen die zu zwei Drittel verdeckte Iris, die den Ausdruck der Meditation noch steigert.   14 Das Auge Gottes. Christliches Symbol der Dreieinigkeit. Malerei auf vielen Kirchenwänden.   15 Hand-Symbol. In Holz geschnitten. Kongo.   16 Menschenpaar in der Sonne. Felsenzeichnung. Spanien.   17, 18 Hand-Symbole. Altmexikanische Stempel.   19 Zyklop. Gebrannte Erde. Babylon.   20 Die Welt mit dem Gesicht Gottes. Zeichnung. Äthiopien.   21 Tlaloc, der Regengott. In Stein gehauen. Altmexico.

Einzelne Teile des menschlichen Körpers mit tiefem symbolischem Gehalt

Mudras,
die heiligen Gesten Buddhas

1 Meditation
2 Begründung
3 Lehre
4 Schutz und Bitte
5 Erleuchtung
6 Vereinigung von Materie
  und Geist

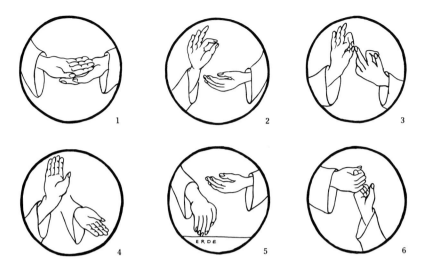

Die Teufels-Hand

Die Maske, ein neues Gesicht

Das Herz-Zeichen, Leben

Im Gegensatz zur heilbringenden Hand gibt es auch Gesten der Verschwörung und des Unheils. So die bekannte Teufelshand, die die gehörnte Gestalt symbolisiert und ebenso den »bösen Blick« abwehren soll. Die rechte Hand wird in Indien als gute, die linke Hand als schlechte Hand bezeichnet.

Das menschliche Antlitz spielt in seiner Verwendung zur Symbolisierung verschiedenster Art in allen Kulturkreisen eine wesentliche Rolle. Zumeist sind die gezeichneten Gesichtszüge zu Masken erstarrt, die dadurch überwiegend einen furchterregenden Ausdruck erhalten. Die graphische Vereinfachung des Antlitzes zum eigentlichen Zeichen findet sich verhältnismäßig selten, jedoch erscheinen Einzelheiten des Gesichts öfter in stilisierter Form. Als wesentlichstes Organ wäre dabei das Zeichen des Auges, meistens als Auge Gottes gedacht, hervorzuheben.

Von der Frühzeit der ersten Felszeichnungen an traten die Sexual-Organe als die ursprünglichen Symbole für Leben, Macht, Fruchtbarkeit etc. auf. In der christlichen Welt führte die Verdrängung der »Nacktheit« zum völligen Verschwinden solcher Symbol-Zeichen, während sie in anderen Glaubenskreisen, wie beispielsweise im Indischen, sogar zum Zeichen der Vergöttlichung erhoben wurden.

Es würde an dieser Stelle zu weit führen, alle Körperteile und deren Symbol-Gehalt festhalten zu wollen. Eine letzte Bemerkung sei aber noch über den Bereich der menschlich unsichtbaren Organe angefügt, deren formale Darstellung nicht aus dem Bereich des Sichtbaren, sondern aus dem der reinen Vorstellung entstanden ist. Markantestes Beispiel ist die Herzform, dessen Silhouette wohl eines der verbreitetsten Symbol-Zeichen darstellt, dessen Form jedoch mit dem Aussehen des lebenden Organs nicht in Verbindung steht.

Ein besonderes Thema ist noch die Darstellung des Todes im Zusammenhang mit der Unsterblichkeit der Seele. Der Begriff Tod ist mit dem Bild des Skeletts eng verbunden.

Die auferstehende Seele war in der primitiven Vorstellung ein physisches Organ, das durch vielerlei abstrakte Symbole bezeichnet den gestorbenen Körper verläßt. In mittelalterlichen Darstellungen hat die Seele sogar die komplette Menschengestalt angenommen, die aus dem Mund hervordringend mit dem letzten Atemzug den Körper verläßt.

Skelett, Tod

5. Gegenstände, Landschaften, Naturelemente

Gegenstände des Alltags haben nur selten einen eigenständigen symbolischen Gehalt. Werkzeuge, Nahrungsgefäße, Bekleidung und Behausung stehen im täglichen Leben dem Menschen zu nahe, um sie mit irgendeinem mythologischen Gehalt zu beladen. Im Zusammenhang mit anderen Objekten oder Lebewesen hingegen können sie als sogenannte Attribute dem gesamten Bild-Zeichen eine neue symbolische Aussage verleihen.

So bekommen beispielsweise die gewöhnlichen Werkzeuge des Zimmermanns eine ungewöhnliche Bedeutung, indem sie – neben dem Christuskreuz dargestellt – zu Symbolen des Martyriums werden.

Alleinstehende Objekt-Symbole sind nur alle diejenigen Gegenstände, die mit den außerordentlichen Lebensabschnitten wie Geburt, Heirat, Tod etc. in Zusammenhang stehen. Auch die Waffen-Zeichen sind dadurch symbolhaltig, daß sie mit dem Todesakt in irgendeiner Verbindung stehen. Dem Ur-Zeichen »Pfeil« begegnen wir schon auf prähistorischen Felszeichnungen (siehe Band 1). Die Axt findet sich in fast allen Kulturen der Welt, vielmals versinnbildlicht als das Zeichen von Blitz und Donner. Sie galt aber ebenso auch als heiliges Opfer-Instrument. Als Symbol des Eindringens in Holz, in Erde ist es vielerorts zum Sinnbild von Kraft, Leben zerstörend und zeugend geworden. Die Doppelaxt versinnbildlicht diese Dualität noch stärker, auf den Kopf eines Stieres gepflanzt, wird sie gar zum göttlichen Bild.

In einem weiteren Sinne wären den gegenständlichen Darstellungen die Landschaftsbilder, alle Naturerscheinungen sowie die Urelemente beizufügen. Der Mensch, der in der Weite der flachen Landschaft lebt, wird den in der Ferne den kahlen Horizont unterbrechenden Hügel oder Berg als zentralen Punkt seines Umweltraumes fixieren und ihn zum prädestinierten Kultort werden lassen. Das Konstruktionsprinzip der buddhistischen Kultstätten (Stupas) ist im Grunde genommen nichts anderes als eine künstlich erstellte Erhebung in der Ebene, denn es besteht kein Innenraum im Gebäude selbst.

Das Tal, durch welches das lebensnotwendige Wasser läuft, entsprungen aus einer verborgenen Quelle, die Wolken, die den ersehnten Regen und zugleich Gewitter und Sturm mit sich bringen, und nicht zuletzt das wärmende, aber auch zerstörende Feuer, bildeten Erscheinungen, die dem Menschen in seiner erwachenden Intelligenz vorerst als schicksalhafte und göttliche Mächte erscheinen mußten. Graphische Fixierungen der Naturerscheinungen und der Elemente finden wir in den schon zum Zeichen ausgebildeten frühen Bilderschriften, deren Ursprung sich in der Frühzeit verliert, die aber in ihrem anfänglichen Gebrauch aller Wahrscheinlichkeit nach als symbolische Darstellungen entstanden sind (siehe Band 2 »Die Bilderschriften«).

1, 2, 3 Waffen-Zeichen, die mit der Darstellung von Spitze und Widerhaken z. B. Agression, Verletzung, Tod, aber auch Macht und Herrschertum symbolisieren. 1 Speer (siehe auch Lindenblatt). 2 Schwert (siehe auch Schwertkreuz). 3 Dreispitz. Die Waffe des Meeres. Symbol der indischen Göttin Shiva, des griechischen Gottes Neptun, der mexikanischen Göttin Chalchiutlicue. Ein weltweit gebrauchtes Symbol der göttlichen Überlegenheit. 4, 5, 6 Schneide-Werkzeuge. 4 Axt. Vielgebrauchtes Symbol der Vernichtung, versinnbildlicht auch Blitz und Donner. 5 Doppelaxt. Ein in fast allen Kulturkreisen vorkommendes Symbol. Es bedeutet nicht nur Vernichtung, sondern im dualistischen Sinn auch Leben und Tod. Im Palast von Knossos fand man als heiliges Symbol die Doppelaxt »Labrys«, aus der die Bezeichnung des Heiligtums »Labyrinth« entstanden ist. 6 Sense. Das Werkzeug des Todes. 7 Der Hammer »Thors«, das Zeichen des Rechtspruchs. Das römische Taukreuz war das eigentliche Kreuz der zum Tode Verurteilten. In der Heraldik wird das Zeichen Richtscheit genannt. 8 Schild. Zeichen des Schutzes, aber auch der Ehre und der Pflicht. Es wurde zum wesentlichen Bild-Träger in der Heraldik. Man sagt heute noch »er führt etwas im Schilde«. 9 Das versiegelte Buch (Wort) Gottes. 10 Waage der Gerechtigkeit. 11 Hexenbesen. Aus der Zeit der Runen stammend, ist es ein Schutz-Zeichen für »fest im Boden verankert zu bleiben«. Die Ähnlichkeit mit dem Totenbaum ist zu beachten. In seiner vielfältigen Bedeutung ist es ein esoterisches Beschwörungs-Zeichen. 12 Die Rute. Sinn-Zeichen der zeugenden Kraft des Mannes. Ursprünglich soll es ein Zeichen des Phallus in Erektion dargestellt haben. Als Zeichen der ritterlich-strafenden Macht ist es im heraldischen Gebrauch häufig anzutreffen. 13 Ring mit Quast. Altes Bauern-Symbol für Geschlechtsverkehr. Der Ring als Vulva, der Quast, das volkstümliche Zeichen des männlichen Gliedes. 14 Faß. Zeichen für Überfluß, Reichtum und Freude. 15 Hantel. Zeichen der Gegenüberstellung: Leben – Tod, Freud – Leid, Sommer – Winter. Das Zeichen findet häufiger Verwendung in der Alchimie und in der Astrologie. 16 Feuer. 17 Wolke, Wasser, Wind. 18 Blitz. 19 Primitive Darstellung von Gebirge. 20 Quelle. Spanische Bauernmalerei. 21 Schlüssel. Ein tiefverankertes Symbol, das den Eingang ins Unsichtbare, Geheimnisvolle erschließt. Macht-Zeichen für den Besitzer des Schlüssels. Spanische Buchmalerei. 22 Kette. Allgemeines Symbol für Bindung, Fesselung. Auch für die geheimnisvolle Kettenwirkung. Fortpflanzung. Zum Kreis geschlossen wird sie Symbol der ewigen Wiederkehr und ist verwandt mit dem Rosenkranz. 23 Urne. Letzte Behausung. Abgeschlossenheit, auch Geheimnis. Etruskisch. 24 Wiegen-Zeichen. Ausdruck der Dualität. Geburt (linke Spirale), Tod (rechte Spirale), dazwischen der Lebensbogen. Kommt dem astrologischen Zeichen des Widders nahe. Aus einem Wappen-Zeichen. 25 Stilisiertes Zeichen einer Sanduhr, eines Stundenglases. Versinnbildlicht das Verrinnen der Zeit. Es wurde später zum Alchimisten-Zeichen für Stunde. 26 Todesnachen. In fast allen Mythologien als Zeichen des Übergangs vom Leben zum Tod. Nachen-Zeichnung aus der Wikingerzeit. 27 Siebenarmiger Leuchter. Das Symbol des jüdischen Glaubens mit verschiedenen Bedeutungen: Licht, Lebensbaum, die Zahl der Planeten mit der Sonne in der Mitte, die bis auf die Erde scheint etc. Miniatur. Elsaß.

Alltägliche Gegenstände zum Symbol erhoben

Auf einer afrikanischen
Holzschachtel

Die Symmetrie durch
Verdoppelung (assyrisch, Siegel-
Zylinder)

6. Das Symbol der Mitte

Es gibt aus der Fülle der abstrakten Symbol-Zeichen nur eine kleine Anzahl, die nicht auf einer Symmetrie aufgebaut sind. Selbst die konkreten Bild-Symbole suchen nach einer Symmetrie, sei es die Darstellung des frontalen Vogels mit dem bezeichneten Mittelpunkt der Herzgegend oder die Technik der Doppel-Ornamentik, in der sich Pflanzen oder Tiere zweifach-symmetrisch zum harmonischen Symmetrie-Gebilde vereinen.

Das mehr oder weniger verborgene Prinzip der Mitte scheint durch alle Zeichen hindurch der Ausdruck der zu erreichenden Vollkommenheit gewesen zu sein. Diese Tendenz erscheint in den wichtigsten Symbol-Zeichen immer wieder: Kreuz, Swastika etc.

Der Hinführung zur Meditation, der Versinnbildlichung der Mühsal des Weges zur Vollkommenheit, auch zur mittelalterlich-christlichen Auferlegung von Buße etc., liegen zweierlei Arten von Zeichengebungen zugrunde: diejenige des Knotens und diejenige des Labyrinths. Knoten-Zeichen sind Ineinander-Verschlingungen oft mehrerer Zeichen, deren Entschlüsselung eine bestimmte geistige Betätigung verlangt.

Ein prägnantes Beispiel ist das Bild des »Gordischen Knotens«, der »den Schlüssel zum Osten« bedeutet haben soll. Alexander der Große soll – als Symbol der Verkürzung eines schwierigen Weges – den Knoten mit seinem Schwert durchschnitten haben, bevor er seinen Feldzug nach Osten hin antrat.

Die Knoten-Zeichen sind in gewisser Weise mit den hinduistischen und buddhistischen Mandala-Diagrammen zu vergleichen, die zur Meditation über Weisheiten gestaltet sind und deren tieferer Sinn in den verschiedenen weltlich-kosmischen Räumen oder Lebenskreisen liegt, die der Mensch zu erleben und zu durchwandeln hat, um das Zentrum, das Nirvana, zu erreichen.

1 Gordischer Knoten. Romanisches Ornament, in Stein gehauen oder gemalt.   2 Knoten-Symbol. Auf ein Pulverhorn graviert. Norwegen.   3 Labyrinth. Auf einer alten Münze. Kreta.   4 Zu Kultzwecken aus weißem Sand auf den Boden gezeichnetes Zeichen der Mitte. Indien.   5 Labyrinth aus weißen und schwarzen Steinplatten in die Bodenbeläge der Kathedralen eingelassen. Der Pilger durchwandelte sie auf den Knien bis ins Zentrum.   6 Tantra-Diagramm. Schema des Nirvana (Himmel), der Weg vom irdischen Rechteck zum himmlischen Kreis. Die Sexualität (Dreiecke) ist der universelle Schöpfungsakt. Meditationsbild, auch Mandala genannt, mit dem wesentlichen Punkt im Zentrum. Gemälde. Indien.   7 Diagramm »Jaina«. Darstellung der verschiedenen Schichtungen des Universums und die Lehre, sie zu durchgehen. Malerei. Indien.

Die bezeichnete Mitte als Meditations-Bild

Den westlichen Labyrinth-Darstellungen kommt diese Geistesbewegung sehr nahe. Auf der mit geheimnisvollen Gebräuchen erfüllten Insel Kreta wurde ein typisches Labyrinth-Zeichen auf einer vorchristlichen Münze eingeprägt. Das Ornament soll das Versteck des Gottes Minotaurus darstellen. In einem viel späteren Zeitraum, dem christlichen Mittelalter, finden wir Labyrinthe aus weißen und schwarzen Steinplatten, in die Bodenbeläge der Kathedralen eingelassen. Die Pilger, am Ende ihrer Wallfahrt angelangt, durchwandelten als Krönung des Pilgerweges und als letzten Akt der Sühne das Labyrinth auf den Knien, oft stundenlang, bis sie das Zentrum und damit die Erfüllung des Wunsches nach Vergebung erreichten.

Der Nabel Buddhas, das Zentrum allen Lebens. Zeichen modelliert in Frontal-Dachziegeln eines japanischen Klosters.

IV Die abstrakten Symbole

1. Der Weltraum und sein Zentrum

Wie anders könnte der Mensch den Lebensraum um sich erfassen, erleben, ohne sich selbst in dessen Mitte gestellt zu fühlen. Zwischen Erdoberfläche und Himmelsgewölbe versuchte er sich zu orientieren, indem er den Raum zu gliedern begann. Aus der Beobachtung der Gestirne entstanden die Begriffe der Himmelsrichtungen. Die Sonnenbahn wurde zur Tangente der Horizontalen, die den Tag durchquert.

Im Gegensatz dazu erwachte das Gefühl der festen vertikalen Achse, im Polarstern des Nordens verankert. Aus diesem Erleben und Erkennen des Lebensraumes entstand die bewußt gewordene Teilung und deren sichtbarer Ausdruck durch das Kreuz-Zeichen, das dem Menschen zur elementaren Orientierungshilfe wurde. Er konnte unterscheiden zwischen oben, unten, links und rechts. Aus dieser Erkenntnis entstand sein ganzes Raumverständnis, und es wurde zur Basis aller Gedankengänge.

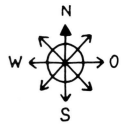

Die Vielzahl der Anwendungen dieses elementaren Kreuz-Zeichens zeugen von diesem primären Schema, in das sich die meisten aller weiteren Erkenntnisse und Vorstellungen eingliedern. So wird zum Beispiel der Richtungswechsel der Winde durch das primäre Achsenkreuz in Halbrichtungen südöstlich, nordwestlich etc. unterteilt. Der Kompaß wird das Instrument zur Fixierung der Himmelsrichtungen und noch heute als »Windrose« bezeichnet.

In allen erwachenden Zivilisationen der Erde entstanden mythologische und spekulative Vorstellungen über die Entstehung, den Ursprung der Welt. An Schöpfungsgeschichten fehlt es denn auch nicht, und jedes Volk hat seiner Vorstellung entsprechend im eigenen Weltschema seinen Glauben an eine Urquelle allen Lebens in ausdrucksvollen, oft erklärenden, oft wegweisenden, meist aber in meditativen, symbolischen Darstellungen entwickelt.

Aus der Vielfalt an Zeichen, Schemata und Bildern – den Begriffen für Erde und Weltall, verbunden mit der Vorstellung eines ursprünglichen Schöpfungsaktes – ist auf begrenztem Raum nur eine sehr kleine Auswahl wiederzugeben möglich.

Legenden zu Seite 62

1 Indisches Tantra-Symbol der Vulva. Zentrum und Quelle allen Lebens.   2 Zeichen der Azteken, die vier Gegenden der Welt darstellend.   3 Die vier Ecken der Welt. Druckstempel. Ghana.   4 Symbol einer zentralen Kraft. In Gold getrieben auf einer Gürtelschnalle. Turkmenien (2000 v. Chr.).   5 Typisches Symbol einer zentralen Lebens- und Ewigkeitsvorstellung, wie sie in vielen Varianten auf den vorchristlichen Runensteinen des Nordens gefunden werden.   6 Das kosmische Ei, befruchtet und eingeteilt in Energie-Zonen. Malerei auf Papier. Rajasthan, Indien.   7 Ausdrücklich die Mitte betonendes Stickerei-Muster aus Rußland.   8 Nachchristliches Zeichen auf einem Runenstein, mit übereinandergeschichteten Zentrums-Symbolen, überragt vom Kreuz-Zeichen.   9 Altchinesisches Symbol der heiligen Achsen der Welt.   10 Alchimistisches Symbol des Geistes der Welt. Sonne und Mond stehen über dem Rechteck der Welt, darin ist die Ebene des Körperlichen von der Vertikalen des Geistes durchkreuzt.   11 Indisches Lebens-Symbol. Die Tropfenform sowie die Dreiecksform (wie 1) sind stilisierte Darstellungen der »Yoni«, der Vulva. In der Mitte der heilige Buchstabe »Ohm«, der in allen Gebeten als allumfassender Laut der Ewigkeit ausgesprochen wird. – Bemerkenswerterweise kann ein Vergleich mit dem abendländischen »Amen« gezogen werden.   12 Die Darstellung der Schöpfung der Welt. Indianer Nordamerikas. Darin sind das irdische Rechteck mit dem Rind, die Wolken des Himmels und die ins Unendliche zeigenden, blitzartigen vier Pfeile einfach zu deuten.   13 Der magische Kreis. Mohammedanisches Weltschema mit bedeutungsvollen arabischen Buchstaben. Nordindien.

Legenden zu Seite 64

1 Quadrat-Kreuz. Griechisches Kreuz. Recht-Kreuz. Plus-Kreuz.   2 Schräg-Kreuz. Mal-Kreuz (Schräge Windrichtungen). Schutz-Kreuz. Sperr-Kreuz. Andreas-Kreuz. Aus zwei gleichbleibenden Schrägen geformt ist seine Aussage nicht dualistisch, und sein bildhafter Ausdruck liegt dem rein ornamentalen näher. Der griechische Buchstabe X ist die Initiale für Christus.   3 Lebens-Kreuz, lateinisches Kreuz, Christus-Kreuz. Dieses Zeichen war schon vor Christus das Symbol für Gottheiten (Griechenland, Ägypten, China).   4 Fallendes Kreuz, Petrus-Kreuz. Im Gegensatz zum Lebens-Kreuz deutet dieses Zeichen etwas Negatives an. Petrus soll mit dem Kopf nach unten gekreuzigt worden sein.   5 Schächer-Kreuz. Dieses Zeichen ist die Negation des Kreuzes ; die Vertikale ist mit einem schrägen Ab-Strich durchgestrichen. Zeichen für Not, Schicksal, ruheloses Leben.   6 Doppel-Kreuz, Kardinals-Kreuz, Lorraine-Kreuz. Die Verdoppelung der Horizontalen macht aus dem Zeichen ein überrangiges Kreuz. Der obere Strich wird auch als Schrifttafel (INRI) gedeutet. Griechischer Ursprung.   7 Dreifach-Kreuz, Papst-Kreuz. Die drei Horizontalen deuten auf Macht hin. Das Zeichen trägt in sich auch die Silhouette des Lebensbaumes.   8 Dreifach-Kreuz, Orthodoxen-Kreuz. Die Vervielfältigung von der Mitte aus wird nicht als Machtausdruck aufgenommen (wie in 7), sondern als Bezeugung tiefer Gläubigkeit.   9 Orthodoxen-Kreuz mit unterem Schrägstrich. Der Querbalken steht als Fußstütze, kann aber auch (ähnlich wie in 5) das Sterben Christi andeuten.   10 Leidens-Kreuz, gebrochenes Kreuz, Chevron-Kreuz. Deutet auf den Kreuzweg und den Tod Christi hin.   11 Tau-Kreuz, Jerusalem-Kreuz, Krücken-Kreuz, Hammer-Kreuz. Das Zeichen erscheint schon in der Zeit der Wikinger. Das Tau-Kreuz findet sich als Zeichen der Autorität auf Münzen, in Wappen, Marken-Zeichen etc.   12 Germanisches Kreuz, Weihe-Kreuz. Die vierfache Verstärkung des Kreuzausdrucks führt zu einer Steigerung des sakralen Ausdrucks.   13 Zeichen der Kreuzzüge, aus dem die Bezeichnung Jerusalem-Kreuz entstanden ist.   14 Gamma-Kreuz. So benannt, weil es aus vier griechischen Gamma-Formen gebildet ist. Ursprünglich ein altchinesisches Zeichen. Die vier Ecken der Erde.   15 Koptisches Kreuz. Die Nägel stehen als Märtyrer-Symbole des Gekreuzigten.   16 Ägyptisches Kreuz. Schlüssel zum Nil. Lebens-Symbol, auch für die Gottheit auf der Stirn der Pharaonen zu finden.   17 Schwert-Kreuz.   18 Anker-Kreuz. Die Verbindung von Anker und Kreuz ergibt ein Symbol, das über den »festen Grund im Glauben« aussagen soll.   19 Anker-Zeichen. Das Kreuz ist nur schwer erkennbar, auch scheint die Übernahme des ägyptischen Kreuzes unwahrscheinlich zu sein; die Schlaufe oben ist vielmehr die Zeichnung des ersten Ketten-Ringes.   20 Anker-Kreuz. In diesem Zeichen soll die Geburt Christi (Kreuz) aus dem Leib Marias (Mondsichel) symbolisiert sein.   21 Christus-Monogramm, bestehend aus den zwei griechischen Anfangsbuchstaben X und P.   22 Kreuz mit Haken-Endung. Mit 21 identisch. Der Haken könnte auch einen Bischofs-Stab darstellen.   23 Malteser-Kreuz, Ritter-Kreuz. Ein mittelalterliches Zeichen der geistlichen Ritter-Orden, der Johanniter, Malteser und Templer.   24 Keltisches Kreuz- und Sonnen-Zeichen. Das Christentum hatte sich während der Jahrhunderte mit dem keltischen Kultus vermischt.   25 Azteken-Kreuz, die vier Himmelsrichtungen andeutend.   26 Kreuz und Kreis. Orientalisches Sonnen-Symbol. Wie im westlichen Zeichen (24) finden wir auch hier die gleichen Elementar-Zeichen : Kreis und Kreuz für Sonne und Erde.   27 Der Spiegel der Venus. Die Annäherung mit der Deutung des Zeichens 26 ist naheliegend.   28 Reichsapfel. Symbol der Herrschaft über das Irdische.   29, 30 Kreuz über den Buchstaben Alpha und Omega, Anfang und Ende, ein christliches Doppel-Symbol.

Legenden zu Seite 65

1 bis 5 Die Abwandlung der Grundform des Kreuzes zum Muster für Stickerei und Weberei brachte die für diese Technik typischen Schrägschnitte mit sich. Kreuzmuster aus nordeuropäischen Ländern.   6 bis 15 Die Heraldik hat ebenfalls zur Individualisierung zahlreicher Formabwandlungen geführt.   6 Gabel-Kreuz. Erscheint schon in Troja.   7 Krücken-Kreuz, ein eingebogenes Tau-Kreuz.   8 Doppel-Haken-Kreuz, mit Abrundungen auch Anker-Kreuz.   9 Tatzen-Kreuz, ohne Spitzen wird es zum »Eisernen Kreuz«.   10 Scheiben-Kreuz.   11 Kugel-Kreuz, Kolben-Kreuz.   12 Herz-Kreuz, Apfel-Kreuz.   13 Kleeblatt-Kreuz.   14 Blatt-Kreuz. Ranken-Kreuz.   15 Lilien-Kreuz.   16 und 17 Aus irischen Buchmalereien.   18 Auf einer mexikanischen Keramik.   19 und 20 Auf skandinavischen Runensteinen.   21 bis 25 Die koptische Kunst der frühchristlichen Zeit brachte eine erstaunlich reich geschmückte Ornamentik mit sich. Als hauptsächliches Grundmotiv diente das Kreuz. Die Kreuz-Zeichen stammen aus Steinfriesen in äthiopischen Klöstern und Kirchen, 8. bis 10. Jahrhundert n. Chr.   26 Feuer-Kreuz. Webmuster aus dem Kaukasus.   27 Orthodoxen-Kreuz. Aus Metall geschnitten. Rußland.   28 Kreuz-Ornament. In eine afrikanische Truhe geschnitzt.   29 Doppel-Kreuz-Muster. Stickerei. Rußland.   30 In Metall getriebener Schmuck. Irland.

Das Kreuz als tragendes Glaubens-Symbol der Christenheit

Die Symmetrie des Kreuzes bietet eine Vielfalt an Verzierungsmöglichkeiten

2. Das Kreuz-Zeichen und seine Verzierung

Ausgehend von der vorhergehend erläuterten fundamentalen Konzeption des Lebensraumes und des Kosmos, versinnbildlicht durch das waagerechte und das senkrechte Prinzip, ist das Kreuz mit Sicherheit das in der ganzen Welt am häufigsten vorkommende Elementar-Zeichen: in der dualistischen Bindung, das aktive und passive Prinzip vereinigend. Zur Bezeichnung einer zentralen Mitte wurde es zum Symbol verschiedenster Mythologien (Band 1, S. 73). Grund seiner weltweiten Streuung ist sicher die extreme Einfachheit seiner Gliederung.

Die bildliche Verbindung zum Richt-Kreuz sowie die Ähnlichkeit seiner Silhouette mit der menschlichen Gestalt ließen es zum tragenden Glaubens-Symbol der Christenheit werden.

Das Kreuz in seiner allgemeinen Betrachtung wurde in Band 1, Kapitel II, 5. eingehend erläutert.

Die Kreuzform bildet in ihrer symmetrischen Anlage einerseits und mit den vier freistehenden Strich-Endungen andererseits einen starken Anreiz zur Verzierung. Das kahl abgebrochene Linienende sucht nach einer Endung, nach einem Abschluß der ins Unendliche laufenden Geraden (Band 1, S. 97).

Die größte Fülle verzierter Kreuze findet sich im christlichen Glaubenskreis des Abendlandes. Seit dem Mittelalter ist die Bedeutung des Zeichens vollständig beschlagnahmt, durch das Christentum bestimmt, und so wurde es zum Grund-Zeichen in allen Anwendungsbereichen wie Dekoration, Heraldik, Markierung etc.

1 Einfache Swastika, auch Gamma- oder Haken-Kreuz. Ein Symbol-Zeichen, das im fernen Osten schon v.Chr. erscheint.   2 Schräge Swastika, in der zwei sich kreuzende Runen-Zeichen erkennbar werden. Zwei Blitze ergeben Licht. Zwei reibende Stäbe ergeben Feuer.   3 Im abgerundeten Zeichen kommt die Symbolisierung der Sonne sehr klar zum Ausdruck.   4, 5 Abwandlungen der Swastika auf indischen Stempeln.   6, 7 Flächenhafte Gestaltung. Buchmalerei. Irland.   8 Swastika und Stern in einem Zeichen. Keramik. Rhodesien.   9 Vereinigung von Tau-Kreuz und Swastika. Buchmalerei. Irland.   10 Ein Wikinger Segens-Zeichen auf einem Runenstein.   11 Das eigentliche Haken-Kreuz, zusammengesetzt aus zwei Doppelhaken (wie 2).   12 Swastika aus vier Halbkreisen geformt. Stickerei. Afrika.   13 Flammen-Kreuz. Keramikstempel. Altmexiko.   14 Das Zeichen soll eine stilisierte Haartracht darstellen – Kraft und Einheit bedeuten. Druckstempel. Ghana.   15 Das »Chimi-Zeichen« bedeutet Tod. Stempel. Altmexiko.   16, 17, 24 Typische Mittelmeer-Zeichen aus Wellenformen bestehend und in Metall getrieben. Kreta.   18 Komplett abgerundete Swastika mit dem stärksten Bewegungseffekt. Grabstein. Irland.   19 Die vier Paradiesfüße. Münze. Indien.   20 Symmetrisch eingerolltes Zeichen. Die Drehbewegung der Swastika verschwindet. Stempel. Ghana.   21 Keltisches Lebens-Symbol.   22 »Tecpatl« heißt Feuerstein. Wird auch als Opfermesser gedeutet. Keramikstempel. Altmexiko.   23 Magisches Zeichen auf den Resonanzboden einer Harfe gemalt. Maurische Nomaden.   25 Stempel. Ghana.   26 Auf einer afrikanischen Metallmaske eingraviert.   27, 28 Stark eingerankte Verzierungen auf Schmuckstücken. Kreta.   27 könnte auch ein Gesicht sein. Typische Art der Stilisierung auf Kreta.   29 Die Ranke rollt sich zur Spirale ein. Zeichen des Sonnenkultes auf skandinavischen Runensteinen.

Das Phänomen der abgekrümmten Endung, vom Haken bis zur Spirale

Die drei unteren Reihen der Tafel zeigen eine allerdings sehr begrenzte Auswahl aus der Vielfalt an Zeichen und Ornamenten, denen wohl in den meisten Fällen das Kreuz zugrunde liegt. Diese liegen jedoch außerhalb des christlichen Glaubensbereiches, auch im zeitlichen Sinne, da das Kreuz in den frühen vorchristlichen Epochen schon bestanden hat.

3. Zeichen, die Bewegung symbolisieren

Zeigt sich das gerade Kreuz-Zeichen als Ausdruck alles Statischen, fest Verankerten, so bringt das Kreuz mit gebrochenen Strich-Enden eine Bewegung im Sinne einer Rotation zum Ausdruck. In seiner einfachsten Strichgebung kann das Swastika-Zeichen zu einem der ältesten Symbol-Zeichen der Menschheit gezählt werden. Es wurde schon in Aufzeichnungen aus prähistorischer Zeit entdeckt. Ein magisch-symbolischer Gehalt ist bei diesem Zeichen einfacher zu begründen als beim Kreuz, da dieses vor allem durch seine gestuale Einfachheit als Markierung und Gedankenstütze verwendet wurde. Das Zeichnen einer Swastika hingegen erfordert eine differenziertere intellektuelle Vorstellungs- und Ausführungsfähigkeit (Band 1, S. 26).

Die Bezeichnung »Swastika« kommt aus dem Sanskrit und bedeutet »sich wohlfühlen«. In China war es das Zeichen der »höchsten Perfektion«. In Japan wird es »manji« genannt und war der Mengenbegriff für 10.000, was gleichbedeutend mit »unendlich« war.

Die Stellung der Haken verleiht dem Zeichen eine Drehungsrichtung. Diese ist bei allen gefundenen Darstellungen verschieden: entweder stehen sie links oder rechts umdrehend. Interessant ist dabei eine altchinesische Deutung, nach welcher das Zeichen mit linksabbiegenden Haken »Glück«, dasjenige mit rechtsläufigen Haken jedoch »Unglück« bedeutet.

Wenn die vier Haken des Swastika-Kreuzes nicht einen geraden, sondern einen gebogenen Verlauf aufweisen, wird die dem Zeichen allgemein zuerkannte Deutung eines Sonnen-Zeichens noch stärker spürbar.

Die unserer Zeit näherliegenden Auslegungen sind solche, die die Vortäuschung der Drehungsbewegung mit einem Rad, Mühlstein etc. in Zusammenhang bringen.

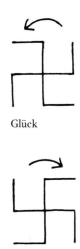

Glück

Unglück

68

Von einem bestimmten Grad der Einbiegung eines Striches an verschwindet die Aggressivität des Hakens, das Zeichen rollt sich ein zur Schlaufe, und schließlich erscheint eine Spirale von dem Punkt an, wo der innere Strich dem äußeren begegnet und zur zweiten, sich verjüngenden Kreisform ansetzt. Ein Vergleich hierzu wäre die Krümmungs-Steigerung von Tierhörnern: das spitze Horn eines Stieres, das umgebogene der Gemse und das eingerollte des Widders.

Stier, Gemse, Widder

Krümmen, Einbiegen und Einrollen ergeben also drei total verschiedene Erscheinungen. In der ersten bleibt die Assoziation mit der aggressiven Spitze eines geraden Pfeils, einer Waffe bestehen; naheliegend ist hier auch die Erinnerung an eine Flamme oder Zunge. Durch die Einbiegung verschwindet der aggressive Charakter, es ergeben sich Bilder von Ranken (Wachstum), Wellen (Wasser), Locken (Schönheit) etc. In der Spirale tritt das Zentrum wie ein Auge stark hervor, und die parallel laufenden Kreise erzeugen eine gewisse Rotation und Bewegtheit.

Die Spirale ist ein uraltes Sonnen- und Lebens-Zeichen, in der ständigen Umdrehung die Pulsierungen und Perioden allen Lebens symbolisierend.

4. Flechten, Verschlingungen, Knoten

Die Materialien, aus denen Gegenstände entwickelt, geformt und geschaffen werden, haben ihrer Struktur entsprechend eine mehr oder weniger ausgeprägte Elastizität (Geschmeidigkeit). So wird beispielsweise ein Stein nicht gebogen, sondern behauen (er steht sozusagen an unterster Stelle der Geschmeidigkeitsgradation). Ein Stück Langholz dagegen, ein Weidenzweig, vor allem aber eine Faser oder ein Haar lassen sich ohne Materialentfernung, das heißt ohne Hauen, Schneiden oder Brechen, trotzdem in eine neue Form verwandeln (Formveränderung).

Im Wesen des gesponnenen Fadens, des gedrehten Stricks liegt einerseits das Geheimnisvolle der unendlichen Länge. Andererseits besteht die Möglichkeit, den langen Faden auf begrenztem Raum auf die Spindel aufzurollen (Spirale, ewiger Kreislauf, das Leben »wickelt« sich ab etc.).

Der weitere Verarbeitungsprozeß, der das Gesponnene zum Gewebe, zum Geknüpfe oder Geflecht werden läßt (in-

Der unendlich lange
gesponnene,
aufgerollte Faden

Brezel, Wiege

Welt der Materie,
Welt des Geistes

Unendlich und für immer
verbunden

dem diese unendliche Länge stets wiederum vorhanden ist), gibt jedem so gewirkten Stoff etwas eigentümlich Anziehendes. (Dieses Empfinden ist den modernen »Textilien« gegenüber weitgehend verlorengegangen.)

Der geschmeidige langgezogene Gegenstand regt Hände und Geist zur Tätigkeit an, und was entsteht, wirkt immer wieder in gewisser Weise schön, ornamental oder im Gegenteil geheimnisvoll verknüpft, verstrickt (ein Vergleich mit dem mythologischen Schlangenkörper und dessen Symbolik liegt nahe).

Die Frauenhände haben das Geschick, die eigenen Haare, aber auch den Teig eines Gebäcks oder die Zwiebeln für den Winter in kunstvollem Geflecht zu verbinden. Die Form einer Brezel ist das lebendige Beispiel eines alltäglich elementaren, aber sehr ausgewogenen Ornaments, in dem sogar ein tieferes Symbol zu suchen wäre, nämlich das der Wiege, der Geburt und des Wunsches nach Fortpflanzung.

Das Verschlungen- oder Durchdrungensein nimmt in der symbolischen Darstellung einen wesentlichen Platz ein. Eine Vielzahl einfacher geometrischer Zeichen können ineinander verflochten werden, wobei immer ein sehr starker Ausdruck der Bindung entsteht, der sicher auf einen symbolischen Gehalt zurückzuführen ist.

Hervorgegangen aus der gleichen Lust zum Fabulieren wie bei der strickenden, klöppelnden Hand, die aus dem einfachen Garnstreifen Hunderte von Mustern entstehen läßt, finden sich weltweit verstreut in allen Kultur-Bereichen graphische »Strickereien«, die der Phantasie des Künstlers entsprechend bis ins »Unlösbare« gesteigert wurden, und in denen das Grund-Zeichen oft kaum noch erkennbar ist. Diese Möglichkeiten der Vortäuschung eines Volumens (Band 1, S. 85) sind beim Kreuz-Zeichen wohl am meisten geübt worden. Die zentral rechtwinklig zusammentreffenden

1 Romanisches Kreuz mit dem für diesen Stil typischen Flechteffekt. 2, 3, 11, 13, 15, 18 Die Kunst der Verzierung wurde in der frühchristlichen äthiopischen Freskenmalerei und Steinhauerei von Friesen bis auf einen äußeren Punkt der Möglichkeiten an Verschlingungs- und Verflechtungseffekten von Figuren getrieben. In jedem Ornament sind jedoch elementare Zeichen mit symbolischem Gehalt erkennbar. 4, 12, 16 Die irisch-angelsächsischen Buchmalereien des frühen Mittelalters weisen ebenfalls einen fast unerschöpflichen Reichtum an Verzierungen durch Flecht-und Knoteneffekte auf. Auch hier steht die Kreuzform im Hintergrund als Grundmotiv. 5 Flechtmuster aus einem skandinavischen Gewebe. 6 Auf einem indischen Siegel. 7 Knoten-Ornament, in Metall graviert. Kreta. 8 Mosaik-Muster. Ravenna. 9 Ein dem orientalischen Gordischen Knoten ähnliches Zeichen auf einem Keramikstempel. Altmexico. 10 Auf einem Schmuckstück. In Metall getrieben. Kreta. 14 In Elfenbein graviert. Nigeria. 17 Indische Sandstreu-Zeichnung. Es handelt sich um eine Art Zeichnung, wie sie zu zeremoniellen Zwecken auf den flachen Erdboden gestreut wird. Zuerst wird ein »Raster« punktiert, dann erfolgt die Strichgebung durch den durch die Finger fließenden weißen Sand. Die Eigenart dieser Ornamente besteht in der Abwesenheit von Strich-Anfang und Strich-Enden. Die Strichführungen bestehen fast alle auf dem Prinzip der »ewigen Wiederkehr«.

Die verschwundenen Strich-Enden in der Verschlingung

Balken, die vier »nackten« Strich-Enden sowie die vier symmetrisch angeordneten Innenwinkel bilden einen idealen Ausgangspunkt zur einfachen Spielerei mit Schlingen, Flechten und Knoten. Nicht allen auf Seite 71 abgebildeten Beispielen sind demnach symbolische Absichten zugrunde zu legen.

5. Die Sonnen-Zeichen

Bei unserer Zwei-Teilung der Symbole in konkrete und abstrakte Figuren nehmen die Zeichen der Himmelsgestirne eine Zwischenstellung ein. Obwohl Sonne und Sterne als figürlich zu werten sind, liegen sie in ihrem symmetrischen, formal grundlegend einfachen Aufbau als »unberührbare Objekte« trotzdem der Abstraktion näher.

Der Sonnenkult darf – ohne tiefergreifende Kommentare und Begründungen – als der verbreitetste und im Zeitlauf als der früheste Ansatz zum Kult überhaupt angesehen werden. Daß die Kreis- oder Scheibenform im Unterbewußten als Archetype eine bevorzugte Stellung einnimmt, ist auf die Form des Sonnengestirns als lebensspendende Quelle zurückzuführen. (In Band 1, Kapitel II wurde versucht, die Grundform »Kreis« etwas näher zu analysieren.)

Das Sonnen-Zeichen besteht fast immer aus zwei wesentlichen Elementen: erstens der körperhaften Kreis- oder Scheibenform und zweitens der mehr abstrakten Angabe der Ausstrahlung. Diese beiden Grundelemente sind oft unterstützt durch die Andeutung einer Rotation, einer Bewegung, wahrscheinlich im Zusammenhang mit dem Ablauf

1 Das Grund-Symbol für Sonne, Weltall, ewige Wiederkehr. Es findet sich in fast allen Kulturkreisen der Welt. 2 Primitives Sonnen-Symbol. Die vier Himmelsrichtungen. Christliches Rad-Kreuz (das Kreuz in der Welt). 3 Sonnenrad, innere Ausstrahlung (Wärme). Christliches Zeichen mit dem griechischen Buchstaben X (Initiale für Christus). 4 Die Sonne (innerer Kreis) scheint auf die Erde (äußerer Kreis). 5 Das Rad-Kreuz ist zur kreisenden Swastika geöffnet. Grundschema zu vielzähligen Sonnen- und Lebens-Symbolen. 6, 7, 8 Die gebogene Unterteilung bedeutet nicht mehr Strahlen, sie weist auf Rotation, Bewegung im Ablauf auf der Himmelsbahn hin. 6 bedeutet auch göttliche Dreieinigkeit. 7 Sonnenrad, auch Windrad (Bewegung aus den vier Himmelsrichtungen kommend). 9 aufgehende 10 untergehende Sonne. Grundlagen zu späteren, pseudowissenschaftlichen Zeichen. 11 Strahlen-Kreuz, eine klassische Sonnendarstellung. Wird auch als lebensspendender weiblicher Schoß gedeutet. 12 Auf einer indischen Münze. 13 In Metall getrieben. Kreta. 14 Sonne mit Flammen-Strahlen. 15 Indianer-Zeichen, auf Leder gemalt. Der kaminartige Auslauf ist ungedeutet. 16 Sonnenrad, Bauernmalerei. Alpen. 17 Auf einem römischen Grabmal. 18 Sonne in einer geschlossenen Welt. Knossos. 19 Altchinesisches Zeichen der Naturkräfte. 20 Indische Sandstreu-Zeichnung. 21 Typisch keltisches Symbol des Sonnenkultes. 22 Trojanische Fuß-Sonne. 23, 25 Auf indischen Münzen. Die Strahlen enden in aggressiven Waffen. 24 Ägyptische Hieroglyphe für »glücklicher Tag«. 26 Auf einer Hopi-Keramik. Arizona. 27 Assyrien, in Ton geritzt.

Das Gestirn des Tages. Symbolische Darstellungen aus allen Kulturkreisen

auf der Sonnenbahn. Nicht zuletzt erscheint eine Versinnbildlichung des An- und Abschwellens der Wärme im Verlauf eines Tages, der Jahreszeiten, wie dies etwa in der Spirale am besten zum Ausdruck gelangt.

Die Strahlung ist sowohl innerhalb (1 bis 8) wie außerhalb (11 bis 15) der Kreise gezeichnet. Das Auftreffen der
Strahlen auf die Erdoberfläche kommt ebenfalls zum Ausdruck (22 bis 25). Es wäre in diesem Zusammenhang interessant zu erwähnen, daß die Anwesenheit der Sonne, je nach
der geographischen Lage, nicht nur allein als »wohltuend«,
sondern auch als »brennend« oder »sengend« empfunden
wird (siehe die beiden indischen Sonnen, deren Strahlen außen mit Waffen wie Pfeil und Dreizack versehen sind). In den
nordischen Sprachen hat denn auch die »liebe Frau Sonne«
eine weibliche Eigenschaft, während sie in den lateinischen
Sprachen des Südens als männliches Wesen bezeichnet wird.
Im arabischen Sprachkreis hat der Mond wiederum männliches Geschlecht, da er von den Nomaden als »Führer in der
Nacht« gedeutet wird.

In den meisten Sonnen-Symbolen kommt eine deutliche
Betonung des Begriffs »Mitte« zum Ausdruck, als Bestätigung eines sehr früh erwachten Gefühls für die zentrale Bedeutung der Sonne für alles Leben.

6. Die Gestirne der Nacht

Am Ende eines jeden Tages wandelt sich das allein von der
Sonne beherrschte Blau des Himmels in die Dunkelheit, aus
deren Tiefe die Nachtgestirne erscheinen und die Unend-

1, 2, 3, 4, 5 Klassische Sternformen in umstochener Linienführung. Die Spitzen der Strahlen enden auf einer unsichtba-
ren äußeren Kreislinie, die Strahlung verliert sich im Weltall. Je größer die Anzahl der Strahlenspitzen ist, um so stärker
erscheint das typische Flimmern der Gestirne.   6 Pentagramm, Fünfstern, auch Drudenfuß. Die Zahl Fünf ist in engem
Bezug mit dem Menschen (5 Finger, 5 Sinne). Ein häufig gebrauchtes, sehr mysteriöses Zeichen aus allen Kulturkreisen.
Es wird in einer eigenwilligen Gestenfolge »in einem Zug« gezeichnet. Auf vielen Graffitis der Gegenwart. 7 Gestürztes
Pentagramm. Mittelalterliches Zauber-Zeichen »die schwarze Hand«.   8 Windrose, zwei übereinandergelegte Vier-
sterne.   9 Sinnbild des mohammedanischen Glaubens. Als Grundidee symbolisiert es den Gott der Nacht. Wenn die
Sonne die Zeiteinteilung des Tages und des einzelnen Jahres erbrachte, so bewirkte der Mond diejenige der Monate und
den unterschiedlichen Verlauf aller Jahre.   10 Der Zeitablauf zwischen zunehmendem und abnehmendem Mond. Mittelalterliches Lebens-Symbol.   11 Der Dreistern im Kreis stammt aus einem mittelalterlichen Symbol der Dreieinigkeit.   12 Geschlossener Achtstern, auch Blumenstern genannt. In der Volkskunst Symbol der Fruchtbarkeit.   13 David-Stern, auch Siegel Salomos. Vereinigung von zwei dreieckigen Dualitätsbegriffen.   14 Septagramm. Sein Sinn ist
dem Pentagramm (6) ähnlich. Es wurde als Schutz-Zeichen an Häusern angebracht. Die Sieben ist die magische Zahl
des Glücks.   15 Der Achtstern, zwei vereinte Quadrate. Das Symbol wurde im Mittelalter auch als stilisierte Dornen-
krone gezeichnet. Mosaik in Ravenna.   16 Eine bekannte Dreisternform. Altes nordisches Symbol für göttliche All-
macht. Altes japanisches Familien-Zeichen.   17 Spinnen-Stern. Russisches Symbol.   18, 19 Gewobene Sterne. Kaukasus.   20 Blatt- oder Blumen-Stern, Volkskunst.   21 Wikinger-Kreuz, in steinerne Denkmäler des Nordens gehau-
en.   22 Schnee-Stern.   23 Textil-Motiv. Ghana.   24 Auf indischen Münzen.   25 Indische, sandgestreute Zeichnung.   26 Kristall-Stern.   27 Stern-Muster. Orientalische Teppichweberei.   28 Gesticktes Stern-Muster.   29 Äthiopien, in Stein gehauen.   30 Blumen- oder Liebes-Stern (Margerite), spanische Buchmalerei.

Stern-Zeichen, geheimnisvolle Mittler aus fernen Welten

lichkeit des Weltalls erahnen lassen. Die unfaßbar weiten Distanzen eines theoretisch leeren Weltalls konnte jedoch der Mensch bis vor einigen Jahrhunderten gedanklich nicht erfassen. Für ihn war das Himmelsgewölbe eine feste »materielle« Kuppel, an der die Gestirne aufgehängt oder in der sie als Öffnung bestanden. Dies ist wahrscheinlich die Begründung, weshalb Sonne, Mond und Sterne in fast allen bildhaften Darstellungen auf körperhafte Weise dargestellt wurden. Der Bewegungsablauf der Gestirne wurde zudem mit »Bahnen« oder »Wegen« ausgedrückt. Man denke an Apollon, den Gott der Sonne, der auf seinem Feuerwagen das Himmelsgewölbe in einem Tag durchfuhr. Der Mond erscheint in den Verwandlungsphasen der Sichelform, des Halbkreises, der runden Scheibe. Die monatliche Veränderung des Mondes und die im Zeitraum des Jahres sich wandelnden Sternkonstellationen wurden zu festen Anhaltspunkten bei der Zeiteinteilung des Menschen.

Wir müssen uns ebenfalls darüber bewußt werden, daß für den primitiven Menschen der Zeitraum in seinem abstrakten Konzept eines universellen Verlaufs nicht erfaßbar war. Er lebte von einem privilegierten Zeitpunkt zum anderen, in der Vorstellung einer stets neu auszuschöpfenden Zeitspanne. Der Jahresablauf war durch rituelle Handlungen punktiert. Zum Beispiel hatte die Fastnacht den Sinn, den »Winter« zu vertreiben; das Lichtfest an Johannis ist für den Menschen des Nordens eine Botschaft des Wohlbefindens am längsten Tag, zugleich muß es früher ein zeremonieller Ausdruck dafür gewesen sein, daß trotz der abnehmenden Tage die Hoffnung auf einen neuen Jahreszyklus weiterbestehen wird. Diese Hoffnung wurde durch Opfer oder Beschwörung kundgetan. Aus dieser Sicht sind Sonnen- und Mondkult und damit das Vorhandensein einer Vielzahl von symbolischen Darstellungen der Gestirne leichter zu erklären.

Formale Vergleiche wie die der Mondsichel mit dem Gehörn des Rindes, mit der Welle des Wassers, mit Wurzel, Schlange und Phallus haben zu vielsagenden welt- und lebenumfassenden Grund-Symbolen geführt.

Wenn Kreis und Scheibe die Grundlagen der Sonnen-Zeichen bilden, weisen im Gegensatz dazu die meisten Stern-Zeichen keine ausgesprochene Rundform auf. Der Ausdruck des Strahlens ergibt sich durch symmetrische Anordnungen von Geraden, die – nach außen hin bis zur Spitze verjüngt – den Eindruck der im Nichts verschwindenden Strahlen erwecken. Sterne bestehen deshalb fast immer nur aus Geraden, es sei denn, es wird eine Anlehnung an etwas Figürliches, wie Blume, Spinne etc., gesucht.

Dem Stern-Zeichen begegnen wir in allen Bereichen der Zeichengebung, vom symbolischen Stern Davids über das reine Marken-Zeichen der Industrie bis zum Asterisk in unseren Büchern, als einer der sehr stark graphisch geprägten Grundfiguren.

7. Das Symbol im Ornament

Auf Fundstücken prähistorischer Zeiten findet man geritzte, gekerbte Zeichen-Reihen, deren Bedeutung oder Aussage von keiner Wissenschaft mit Bestimmtheit belegt werden kann. Es ist anzunehmen, daß die frühesten Ornamente gleichermaßen zufälligen Spielereien wie willentlichen Markierungen zur Eigentumsbezeichnung oder der Magie zu verdanken sind. Die Erscheinung solcher Ornamente muß früher Bewunderung ausgelöst haben, indem alles von Künstlerhand Produzierte als übernatürlich empfunden wurde. Möglicherweise erhielt das ornamentale Zeichen so seinen symbolischen Wert.

Die Begrenzung durch den Gebrauch von primitiven Werkzeugen und Gesten, wie Einhauen, Einstechen, Einbrennen etc., reduzierte den formalen Ausdruck auf geometrische, meist lineare Motive. Die Bedeutung dieser Bandmotive wurde jedoch überliefert, und es bestehen heute noch solche Traditionen, wie etwa bei den Geweben der Sahara-Nomaden, die in jedem Musterstreifen eines Stoffs ein Sinnbild vor Augen haben. Als typisches Beispiel von symbolischer Ornamentgebung reproduzieren wir einen verzierten magischen Bambusstab der malayischen Halbinsel, dessen Ornamentik nachgewiesen werden kann. Die verschiedenen Bänder hatten demnach ursprünglich folgenden informativen Sinn: der unterste Streifen 7 bedeutet »Fluß«, im zweituntersten 6 erkennt man den »Hügelzug«. Zwischen den gleichstrukturierten Streifen 5 und 2 (deren Bedeutung unklar ist) finden sich in 4 Pflanzen (Stengel) und in 3 Äste und Blätter. Der oberste Streifen ist ungedeutet, könnte jedoch als Wolken (Himmel) interpretiert werden. Daß dieses anscheinend dekorative Band-Muster in seiner Gesamtheit ein symbolischer Ausdruck des »Lebens« geworden ist, scheint selbstverständlich.

Verzierungen einer Skulptur, Fruchtbarkeit, Sitzfigur, Ukraine, Ende der Eiszeit

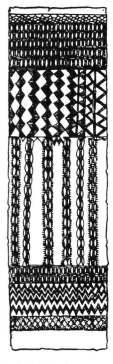

Symbolische Verzierungen auf einem malayischen Bambusstab

Nebenstehende Abbildung zeigt eine ornamentbeladene Keramikschale aus der Frühzeit Sumers (etwa 3000 Jahre v.Chr.). Die Bemalung hat bestimmt eine symbolische, ja, man könnte sagen, eine magische Bedeutung. Die Randzone wird als Regenmotiv (Himmel), der zentrale, schachbrettartig bemalte Kreis als Sonne, und die gewellten Flächen werden als Meer gedeutet. Rund um die Sonne könnten mythische Vögel fliegen und die breiten Strahlen die magische Kraft einer überweltlichen Macht darstellen.

Symbolbeladene Ornamente auf einer sumerischen Schale

Auf der Tafel ist eine kleine Anzahl von ornamentalen Friesen und Bändern vereinigt, in denen mit Sicherheit bestimmbare Sinn-Zeichen und Symbole zu Zwecken der Verzierung *und* Meditation zusammengestellt wurden.

8. Geometrie und Symbol

Der *sichtbare* Teil eines geometrischen Zeichens besteht aus einer mehr oder weniger komplexen Zusammenstellung von geraden und gekrümmten Linien. Der *unsichtbare* Teil jedoch besteht in mathematischen Gesetzen, nach denen die Linien orientiert, gestreckt und gekrümmt werden. Es sind die vier identischen rechten Winkelmaße des Quadrates, der konstante Radius des Kreises und dessen unsichtbare Mitte, die drei Seitenlängen des Dreiecks etc., die im Hintergrund als Bestimmungsfaktoren die Form des Zeichens bilden.

Die Projektion irgendeiner symbolischen Bedeutung erfolgt in diesem, wir möchten sagen, metaphysischen Gehalt des Zeichens. Der Sinn der einzelnen Zeichen kann jedoch nicht ohne weiteres *ab*gerufen werden, sie enthüllen ihre

1, 2 In den einfachsten Raster-Dekors von Kreuz- und Querlinien eine symbolische Bedeutung zu suchen, ist nicht immer stichhaltig. Wir wissen jedoch, daß auf prähistorischen Gegenständen, auch im Zusammenhang mit frühen Bilderschriften, diese Schraffierungen eine bestimmte Aussage haben. Meistens weist die Deutung auf die Analogie mit dem bebauten Feld, also auf Fruchtbarkeit hin. 3, 4 Das Chevron-Motiv sowie die Dreieckreihe sind stilisierte Darstellungen des Kornes, auch des Lebensbaums. Sie sind als Fruchtbarkeits-Symbole zu werten. 5, 6 Die sich symmetrisch überdeckenden Muster tragen in sich den Sinn einer Dualität oder Komplementierung und können als Befruchtung gedeutet werden. 7, 8 Fischgrät- und Schuppenmuster erscheinen wohl meistens aus rein ornamentalen Impulsen. Man kann in ihnen jedoch eine Bedeutung von Schutz gegen außen ablesen (Schuppen, Ziegel etc.). 9, 10, 11 Typische Wellenfriese aus dem Mittelmeerbereich. Die drei Ornamente finden sich auf griechischen Vasen. 12 Wellen-Ornament, das nicht auf der linearen Abwicklung, sondern auf der Ausbreitung auf einer Fläche beruht. Keramikmalerei. Kreta. 13 Der sogenannte griechische »Mäander« ist eine gradstrichige Abwandlung des Wellenmusters. Viele Anwendungsbereiche. 14 Wellenmuster ohne Strich-Endungen. Stickerei. China. 15 Wellen- und Blattmuster. Auf einer skandinavischen Freske. 16 Eigenartiges Wellen-Ornament mit Pflanzen-Ähnlichkeit. Auf Holzbehälter geritzt. Ghana. 17 Swastika-Mäander. Ein weitverbreitetes, beliebtes Ornament mit stark symbolischer Prägung. Freskenmalerei. Ravenna. 18 Mäanderartiges Stoff-Muster mit Winkel- und Kreis-Zeichen. Das Schlangenmotiv besteht unzweifelhaft als Grundelement. Auf sumerischer Tontafel. 19 Gedrehtes Strang-Muster. 20 Typisch römisches, später romanisches Flechtmuster. Mosaik. Nîmes.

In geometrischen Figuren ist oft eine verschlüsselte Symbolik vorhanden

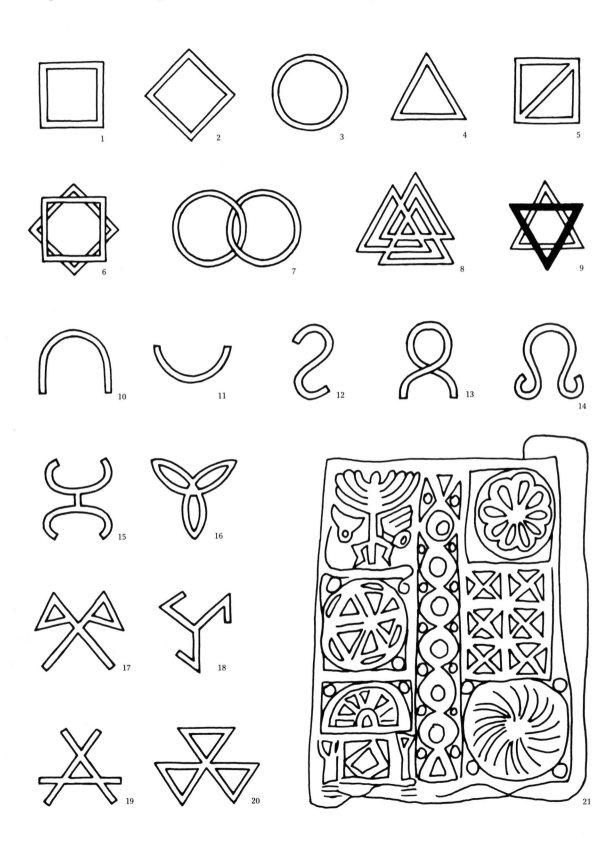

durch Konvention bestimmte Bedeutung nur dem Einge-
weihten.

Auf der gegenüberstehenden Tafel findet sich eine kleine
Auswahl von Symbol-Zeichen verschiedenster Herkunft. Die
Deutungsversuche der einzelnen Figuren müssen subjektiv
bleiben, da in den meisten Fällen zu den überlieferten Symbolen keine Erläuterungen mehr überliefert sind.

In der Zusammenstellung der Tafel befinden sich Zeichen, die zum Teil esoterischen Geheimschriften der mittelalterlichen Philosophien entnommen sind. Und damit befinden wir uns bereits im Bereich der pseudowissenschaftlichen
Zeichen, die den Stoff des folgenden Kapitels bilden.

1, 3, 4 Sind die drei elementaren Grund-Zeichen, die in allen Regionen der Welt verbreitet sind. Das Quadrat bedeutet
die vier Regionen, die vier Jahreszeiten etc., im Gegensatz zum Kreis, der im Kreislauf der ewigen Wiederkehr alles Geistige umschließt. Das Dreieck hingegen verkörpert daneben den kreativen Intellekt, die Fähigkeit, das aktive Prinzip
(siehe die Erklärungen zu diesen Elementar-Zeichen, Band 1, S. 41 f.).   5 Die Diagonale ist der Begriff des Irrationalen,
ihre mathematische Länge steht in keinem Verhältnis zu den Seiten. Die Griechen schlossen aus dieser Tatsache, daß die
Diagonale der unverständlichen, okkulten Welt angehöre.   6, 7, 8, 9 Im Zusammenschluß von Zeichen finden sich neue
symbolische Andeutungen. In der Reihe kommen vier verschiedene Verbindungsarten zum Ausdruck. In 6 sind die beiden Quadrate 1 und 2 übereinandergelegt, und es entsteht ein Acht-Stern. In 7 sind zwei Kreise verschlungen und bedeuten Gemeinschaft. In 8 sind drei Dreiecke zusammengestellt, ohne Unter- und Überstellung oder Verschlingung, alle
auf gleicher Ebene. Das Zeichen findet sich schon in der Wikingerzeit; die geheime Zahl 9, aus 3 x 3 erhalten, hatte sicher
eine symbolische Bedeutung. In 9 sind die beiden übereinandergelegten Dreiecke durch Farben getrennt, wobei der
ausgefüllte Strich des auf der Spitze stehenden Dreiecks dominiert. In der dritten Reihe stehen gebogene Zeichen mit
sichtbaren Strich-Enden.   10 Der Torbogen, die Gruft, die schützende Höhle.   11 Die Schale, Empfangen, Opferung,
Weihe.   12 Der doppelte Haken, ein Zeichen aus der Volkskunst, auch Storch-Zeichen genannt, Schutz- und Segens-
Zeichen.   13 Schlinge. Der weibliche Schoß. Auch eine Abart des Schlangen-Zeichens. Gilt als Schicksals-Zei-
chen.   14 Abwandlung des Omega-Zeichens, versinnbildlicht Werden, Sein, Vergehen.   15 Zwischen Geburt und Tod
ist das Leben. Lebensschiff und Todesschiff sind durch den Lebens-Strich verbunden.   16 Dreieinigkeit. Lebens-Zei-
chen, aus einem Strich bestehend. Altes Volks-Zeichen.   17 Das X-Kreuz mit zwei Fahnen, auch Pferdeköpfe oder
Schlüssel. Schutz-Zeichen auf Bauernhäusern.   18 Dreifuß. Ein weiteres Dreieinigkeits-Zeichen. Wurde sehr oft als
Zauber-Zeichen verwendet. Umgekehrt wurde es auch Hexenfuß genannt.   19 Ein typisches Zeichen mit negativer
Aussage, erzeugt durch die Erscheinung der sechs Strich-Enden und der drei Durchkreuzungen.   20 Dreieinigkeits-Zeichen mit ähnlichem Sinn wie 8. Es ist wiederum ein Einstrich-Zeichen, mit dem Stern-Zeichen im Zentrum.   21 Die jüdi-
sche wie die mohammedanische Religion schlossen jegliche figürliche Darstellung von Lebewesen aus, um von vornher-
ein jeder Idolatrie (Vergötterung von Mensch oder Tier) vorzubeugen. Daher wurden in diesen Kreisen die abstrakten
Symbole vielfach zur Verzierung verwendet. Als treffendstes Beispiel kann die Grabtüre von Kefer-Yesef in Palästina
gelten. Sie stammt aus der römischen Epoche. Die symbolischen Ornamente haben Anlaß zu verschiedenen Interpreta-
tionen gegeben. Nach M. Rutten soll das vertikale Mittelband einen mit sechs Kreisen und zwei Dreiecken belegten Gürtel darstellen. (Der Gürtel ist ein Kleidungsbestandteil zum Osterfest der Fruchtbarkeit.) Die beiden Kreise rechts oben
und rechts unten stellen ein Doppel-Symbol dar: Sonne (Apollo) oben und Mond (Artemis) unten. Zwischen den beiden
Gestirnen sechs magische Quadrate als Sinnbild der Welt (die sechs Schöpfungstage der Genesis). Die linke Seite der Tür
zeigt oben den neunarmigen Leuchter, in der Mitte den irdischen Zyklus der vier Jahreszeiten im Sechseck, umgeben
vom Kreis der Ewigkeit. Unten links steht ein stilisierter Altar oder eine Truhe mit dem eingeschlossenen Buch des Ge-
setzes in Form eines Rhombus. Darüber schwebt die Muschel der Fruchtbarkeit mit dem Dreieck der Schöpfung in der
Mitte.

V Die Zeichen der Pseudowissen-
schaften und der Magie

Eine klare Grenzziehung zwischen dem Begriff des »Symbol-Zeichens« und dem des eindeutigen Kommunikations-Zeichens ist ein äußerst schwieriges Unterfangen. Wir haben einführend betont, daß die zu Symbolen erhobenen Gegenstände, Lebewesen etc. im wesentlichen als *Mittler* zwischen dem Begreifbaren, Sichtbaren, allem Gegenständlichen und dem Unsichtbaren, Überirdischen, allem Mystischen betrachtet werden müssen.

Eine Abbildung, ein Zeichen, das dagegen nur dazu gebraucht wird, um ein ganz bestimmtes Ding, einen Zustand oder ein Ereignis zu bezeichnen oder zu beschreiben, ist kein Symbol mehr.

Es ist andererseits klar, daß jeder Gegenstand oder irgendein Wesen oder dessen Abstraktion in Form eines Zeichens entweder zum Symbol sublimiert oder aber nur als Be-Zeichnung gehandhabt werden kann. Am Ende dieses Bandes haben wir deshalb in einer Tafel die verschiedenen Stufungen von Ausdrucks-Charakteristiken anhand von zwei Figuren und zwei Zeichen zusammengestellt, um dieses Phänomen eines vielfältigen Gebrauchs ein und desselben Dinges zu verdeutlichen. Folgendes Beispiel gibt einen Eindruck von der Unschärfe wie von der Begrenzung zwischen Symbol und Zeichen: Die sogenannten Zeichen des Zodiak, also die Tierkreis-Zeichen, sind Bezeichnungen von zwölf Sternkonstellationen, in denen die Sonne im Verlauf eines Jahres – von der Erde aus beobachtet – erscheint. Dieser Ablauf wurde lange vor unserer Zeitrechnung in China, Indien, Ägypten und Babylonien in zwölf Sektoren eingeteilt, aus welchen die noch heute gebräuchliche Monatseinteilung resultiert. Die einzelnen Sternkonstellationen wurden mit mythologischen Wesen bezeichnet und entweder figürlich (die Abbildung einer Jungfrau für die Konstellation Jungfrau etc.) oder, in späteren Zeiten, in einer verkürzten Form durch die sogenannten Tierkreis-Zeichen abstrakt versinnbildlicht.

Diese Zeichen, isoliert von jeglicher Relation untereinander oder in bezug auf das Geburtsdatum eines Menschen,

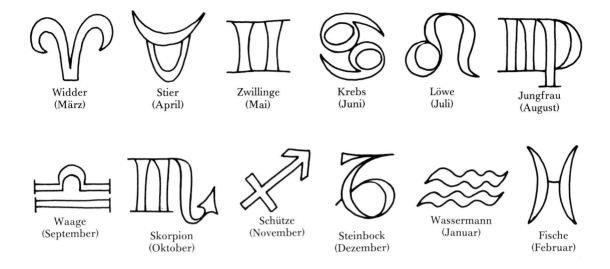

Widder (März)   Stier (April)   Zwillinge (Mai)   Krebs (Juni)   Löwe (Juli)   Jungfrau (August)

Waage (September)   Skorpion (Oktober)   Schütze (November)   Steinbock (Dezember)   Wassermann (Januar)   Fische (Februar)

sind als reine *Zeichen* für die betreffende Sonnenstellung im Sternkreis an einem bestimmten Datum zu werten.

Dagegen werden die Zodiak-Zeichen bei der Anwendung für magische Zwecke – wie beispielsweise zur Vorhersage der Zukunft, zur Bestimmung eines Ehepartners etc. – durch ihre relations-theoretische Stellung zu Symbol-Zeichen erhoben. Als Beispiel bilden wir die zwölf Zeichen auf dem Kreis der Sonnenbahn ab, den Verlauf des Jahres symbolisierend. Die Zeichen werden nach ihrer uralten astrologischen Zusammengehörigkeit durch die vier sich kreuzenden Dreiecke verbunden, und es ergeben sich folgende magische Koppelungen: das Feuer-Dreieck: Widder–Schütze–Löwe, das Wasser-Dreieck: Fische–Skorpion–Krebs, das Luft-Dreieck: Wassermann–Waage–Zwillinge und das Dreieck der Erde: Stier–Steinbock–Jungfrau.

Aus dieser Demonstration geht klar hervor, wie Zeichen zum Ausdruck eines Gedankenganges zusammengestellt und dadurch zur symbolischen Aussage werden. Im angegebenen Beispiel sind neben den Sternkreis-Zeichen noch andere Zeichen zum Symbol geworden: der Kreis selbst als Sinnbild des stets wiederkehrenden Jahresablaufs, das Dreieck der trinitären Bindung, der Stern als Ausdruck der Komplexität des Lebens in seiner Vielfalt und nicht zuletzt der Stern im Kreis stehend, den wir in Symbolen des Sonnenkults, aber auch in indischen Mandalas (Meditationsbildern) wiederfinden.

Wir haben dieses Beispiel ausgewählt, um den Grenzbereich zwischen Symbol und Zeichen klarer als nur mit Worten zu illustrieren. Wir verlassen hiermit das Gebiet der Symbole, und alle folgenden Abbildungen sind als isolierte, als beziehungslose Einzel-Zeichen zu werten, wenn diese auch in den Pseudowissenschaften der Astrologie und Alchimie, den verschlüsselten Aufzeichnungen der Freimaurer oder der Kabbala für mystische und obskure Zwecke in magischen Formeln verschiedener Art als Symbole Verwendung fanden.

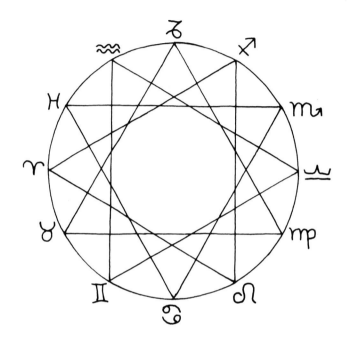

Kosmische Darstellung der Stern-Zeichen.
Die zwölf Zeichen sind um die kreisförmige Sonnenbahn gereiht.
Die Zeichen sind jedoch ebenfalls durch die Dreiecke in vier Gruppen aufgeteilt. Der doppelte Zusammenhang der Zeichen auf Kreis und Dreieck gab Anlaß zu vielerlei Deutungen.

1. Die Elemente

Zusammen mit dem Erwachen der menschlichen Intelligenz hat sich das Bedürfnis nach Verständnis der Beschaffenheit der Dinge und des Lebens dieser Welt überhaupt entwickelt. So sind die primitiven, aber realistischen Erkenntnisse der Eigenschaften elementarer Stoffe entstanden. Das Feste ist die Erde, das Flüssige das Wasser, das Heiße ist das Feuer, das Kühle ist der Wind (die Luft wird nur in der Bewegung des Windes erkennbar).

Die ältesten uns überlieferten Weisheiten basieren auf der Zerlegung der Welt in Grund-Elemente. Die Weisheit des Yi-King brachte uns im Rahmen dieser Betrachtungen bereits auf die Spur einer solchen ursprünglichen Weltanschauung, gegründet auf acht Elemente, gebildet aus den Zeichen Yin und Yang (Band 2, Seite 36).

Mittelalterliches, christliches Zeichen der Welt, bestehend aus den vier elementaren Begriffen

Die meisten philosophischen Weltanschauungen, hauptsächlich aber die griechische, stützen sich auf die Vierheit oder Quadratur der schon erwähnten Elemente Erde, Wasser, Feuer, Luft, indem sie alles Zeugende, Werdende, Lebende und Vergehende auf sie ableiten: Kälte und Feuchtigkeit bewirken Wasser, Wärme und Feuchtigkeit bewirken Luft, Wärme und Trockenheit bewirken Feuer, Trockenheit und Kälte bewirken Erde. Die Natur scheint fest auf diesem Vierer-Prinzip aufgebaut zu sein, wie dies auch in den symbolischen Deutungen des Quadrats immer wieder zum Ausdruck kommt: Frühling, Sommer, Herbst, Winter, Morgen, Mittag, Abend, Nacht. Die vier Elemente hatten wir ebenfalls bereits in der Einleitung zu diesem Kapitel in den vier astrologischen Dreiecken des Zodiak-Kreises angetroffen.

| Feuer | Wasser | Luft | Erde | Die Welt |

Im Mittelalter wurde der Gebrauch von nichtalphabetischen Zeichen zur geheimen Beschäftigung mit obskuren Wissenschaften immer häufiger. Aus dieser Zeit stammen die folgenden Zeichen zur Visualisierung der vier Elemente. Es entbehrte freilich jeder Grundlage, in diesen Zeichen in irgendeiner Weise eine Anlehnung an figürliche Darstellungen zu suchen. Sie sind als eigentliche Abstrakta zu verstehen, denn ihre Bedeutung wurde im mystischen Gebrauch einer erweiterten Interpretation zugeführt: das Feuer-Zeichen bedeutete auch »wütend«; das Wasser-Zeichen »träge«, »schwerfällig«; das Zeichen für Luft wurde für »leichtsinnig« und dasjenige für Erde als »melancholisch« gedeutet. In diesen erweiterten Deutungen wird schon das Esoterische der Geheimwissenschaft und auch die enge Verbindung zur Astrologie und deren Gebrauch zur Wahrsagerei deutlich. Bemerkenswert ist das an fünfter Stelle stehende Zeichen, das die Verbindung aller Elemente ausdrückt. Dieses Zeichen, der David-Stern, ist im Kapitel über den Dualismus (Band 1, Seite 73) beschrieben.

Feuer

Wasser

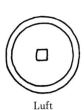
Luft

Erde (Stoff)

Erde (Welt)

In einer Kreisformulierung finden wir dieselben vier Elemente:

Diese Zeichen würden nun eher Anlaß zum figürlichen Vergleich geben: im Feuer-Zeichen erkennen wir das Sonnen-Zeichen; der Wasserspiegel im Wasser-Zeichen wird fast zum greifbaren Element; der Mittelpunkt im Zeichen für Luft kann als unfigürliche Angabe der unsichtbaren Luft im Weltraum gelten; im Zeichen für Erde findet sich wieder die Vierheit der Himmelsrichtungen (oder Jahreszeiten), auch die vier »Ecken« der Erde sowie das vielbedeutende Kreuz-Zeichen.

In der alchimistischen Bezeichnung der Elemente nahmen diese von Fall zu Fall noch andere Formen an. Typische Beispiele dafür sind etwa folgende Zeichen, die, als Gegenpol zum Stofflichen, durch das Zeichen für das Geistige ergänzt werden.

Feuer

Wasser

Erde

Luft

Geist, Himmel

2. Die Zeichen der Astrologie

Die vergangenen Kulturen stützten sich ohne Ausnahme auf die Anerkennung übernatürlicher Mächte, und damit auf den Glauben an Götter und an überirdische Bereiche wie Himmel, Hölle, Nirvana etc. Dabei ist zu bemerken, daß der religiöse, gläubige Mensch sich der überirdischen Lenkung *passiv unterwirft*, im Glauben an eine vorgezeichnete schicksalhafte Vorherbestimmung. Im Gegensatz dazu fühlt sich der nicht-religiöse Mensch eher zur Magie hingezogen, in ein Gebiet also, in dem er *aktiv selbstbestimmend* durch seine geistige Aktion in der Beschwörung – mit Hilfe gewisser Manipulationen, von geheimen Sinn-Zeichen für magische Formeln – das Schicksal *selbst* zu bestimmen glaubt.

Hierbei liegt nun wieder eine *Unterscheidung* von Symbol und Zeichen vor. Der Gläubige erhob ein Wesen, ein Ding oder dessen Abbild zum Mittler zwischen dem Allmächtig-Unerfaßbaren und seiner eigenen Unzulänglichkeit, indem er sich einen *symbolischen Vertreter* als Anbetungsobjekt schaffte. Der atheistische Mensch, von den Wissenschaften angezogen, versuchte den Kosmos zu deuten, zu verstehen; und zur Manipulation schuf er sich *Zeichen* für den Makrokosmos der Weltgestirne und *Zeichen* für den Mikrokosmos der irdischen Stoffe.

Der Leser sollte sich dabei vor Augen halten, daß die Astrologie keine eigentliche *Wissenschaft* der Himmelskunde und die Alchimie keine richtige *Chemie* oder *Physik* mit exakt wissenschaftlicher Begründung waren. Aus diesem Grunde haben wir sie auch als Pseudowissenschaften betitelt. Astrologen und Alchimisten waren zumeist ein und dieselbe Person. Es ist deshalb auch nicht verwunderlich, daß die Bedeutung vieler Zeichen in verschiedenen Wissensbereichen wiederkehren. So finden wir zum Beispiel das astrologische Mars-Zeichen als alchimistisches Zeichen für Eisen, als Kalender-Zeichen für Dienstag (lateinisch dies martis), und in der Botanik ist es für die Bedeutung »männlich« bis in die Gegenwart gebräuchlich geblieben.

Mars, Eisen,
Dienstag, männlich

Auf nachstehender Tafel ist eine Auswahl der meistverwendeten astrologischen Zeichen wiedergegeben. Zu ihnen sind die schon eingangs erwähnten zwölf Tierkreis-Zeichen zu rechnen.

In diese Kategorie gehören auch die als Symbole aufgeführten Zeichen für Sonne und Mond, die in der Astrologie ebenfalls als Planeten bezeichnet wurden. (Nicht die Sonne, sondern die Erde war in der alten Vorstellung das Zentrum

Zeichen als Ausdruck einer geheimen Weltordnung

des Weltalls. Das Zeichen für die Erde wird in der Astrologie nicht gebraucht.)

3. Die Zeichen der Alchimie

Die Kunst, Materien zu verändern, harte Stoffe durch Feuer flüssig zu machen oder durch flüssige Säuren zu verdampfen, erschien dem uneingeweihten, naturwissenschaftlich noch weitgehend ungebildeten Menschen des Mittelalters als Zauberei, als Vorgang, den er im natürlichen Lebensablauf nicht beobachten und deshalb auch nicht zu verstehen vermochte.

Aus der privilegierten Gruppe der geschulten Menschen tauchten denn auch immer wieder Individuen auf, die auf der Basis des reinen Wissens sich in die Gebiete der Metaphysik begaben und ihr Tun in Okkultismus und Zauberei hüllten, wodurch sie vor den Mitmenschen als Wesen mit übernatürlichen Kräften erschienen (etwa Cagliostro). Die wesentlichste Tätigkeit der Alchimisten bestand in der Suche nach dem »Stein der Weisen« und vor allem in der mystischen Ausarbeitung künstlich hergestellten Goldes. Gold bedeutete Macht, im orientalischen Glaubenskreis sogar Gottheit, Unsterblichkeit (das Goldene Kalb). Es würde zu weit führen, im einzelnen die Prinzipien der Alchimie darzustellen. Kurzgefaßt könnte man schematisch folgendes sagen: Die Alchimie stellt sich im allgemeinen auf die Ebene der Kosmologie. Die beiden Phasen »coagulation« (Gerinnung) und »solution« (Lösung) sind vergleichbar mit dem berühmten dualistischen universellen Lebensrhythmus von Ein- und Ausatmen. Es bietet sich ebenfalls ein Vergleich mit der Sexualität an, nämlich dann, wenn Schwefel, auf Quecksilber gestreut, ein

1 bis 10 Planeten-Zeichen (Die Zeichen für Sonne, Mond und Mars wurden schon vorstehend wiedergegeben, sie haben zugleich folgende Bedeutungen: Sonne: Alchimie, Gold, Kalender-Zeichen für Sonntag; Mond: Silber, Montag; Mars: Eisen, Dienstag.) 1 Merkur: Quecksilber, Mittwoch. Botanik: Zwitter. 2 Jupiter: Zinn, Donnerstag. 3 Venus: Kupfer, Freitag. Botanik: weiblich. 4 Saturn: Blei, Samstag. 5 Uranus 6 Neptun 7 Vesta 8 Ceres 9 Pallas: Schwefel 10 Juno 11 Erde: Antimon 12 bis 15 Die vier Jahreszeiten: 12 Frühling. 13 Sommer. 14 Herbst. 15 Winter. 16 und 17 sind Zeichen für Knoten, d. h. Bezeichnungen von Schnittpunkten der Planetenbahnen. 16 aufsteigend. 17 absteigend. 18 Bezeichnung einer rückläufigen Konstellation. 19 und 20 sind Positions-Zeichen der Planeten, wie sie zueinander stehen. 19 gerade Gegenüberstellung von 180°. 20 übereinander liegend oder Konjunktion 0°. 21 bis 24 Weitere Beispiele von Positions-Zeichen. 21 Quadratur oder 90°. 22 Halbquadratur oder 45°. 23 Eineinhalb-Quadratur oder 135°. 24 Quincunx oder 150°. 25 Nach einer Gravur aus dem 15. Jahrhundert: Darstellung der Tierkreis-Zeichen im Zusammenhang mit dem menschlichen Körper. Solche Darstellungen dienten u. a. zur Bestimmung der Daten bester Heilung einzelner kranker Körperteile. Diese sogenannten »Aderlaß-Männchen« fanden Gebrauch bis ins 19. Jahrhundert.

neues Metall erscheinen läßt, das Gold (der »neue Adam«, das androgyne Wesen mit dem vereinten Sexus), und dies im Schmelztiegel, der wiederum als Gebärmutter gewertet werden kann, aus der die Bronze als Gold geboren (sublimiert) werden könnte. – Die grundlegenden Elemente der Alchimie sind Schwefel und Quecksilber, Feuer und Wasser, die verglichen werden mit einem aktiven und einem passiven Verhalten der himmlischen und der irdischen Kräfte. In der Ausgewogenheit der beiden Prinzipien entsteht das Salz, und zwar nicht der Naturstoff Natriumchlorid, sondern ein allumfassender Wirkungsstoff (in der Bibel ist vom Salz der Erde die Rede). Der Schwerpunkt dieses Prinzips der Dreiheit: Schwefel – Quecksilber – Salz kommt dann auch durch die vielfältige Darstellung in Zeichenform zum Ausdruck.

Verschiedene Zeichen für Quecksilber (Merkur)

Verschiedene Zeichen für Schwefel

Vier Zeichen für Salz (das Geistige)

Im metaphysischen Sinne unterschieden sich in der alchimistischen Vorstellung zwei wesentliche Stationen (oder Etappen): es sind dies einerseits das weiße Prinzip, auch das kleine »Mysterium« genannt, und das rote Prinzip, auch als großes »Mysterium« bezeichnet. Sie entsprechen einerseits dem Wunsch nach Vollkommenheit (Glück, Paradies), auch Einstieg *in* das Zentrum der Welt. Andererseits liegt dem großen Mysterium der Gedanke des Aufsteigens *aus* dem Kosmos zugrunde, um das Übermenschliche, das Göttliche zu erreichen (der Stein der Weisheit).

Von einem anderen Standpunkt aus betrachtet ermöglichte es die Alchimie, einen Weg zu finden, der es dem Menschen erlaubte, vom Stadium der Materie her dasjenige des

Geistes zu erreichen. Aus den Grundstoffen, vor allem den Metallen (Materie), wird das Gold (Geist) sublimiert.

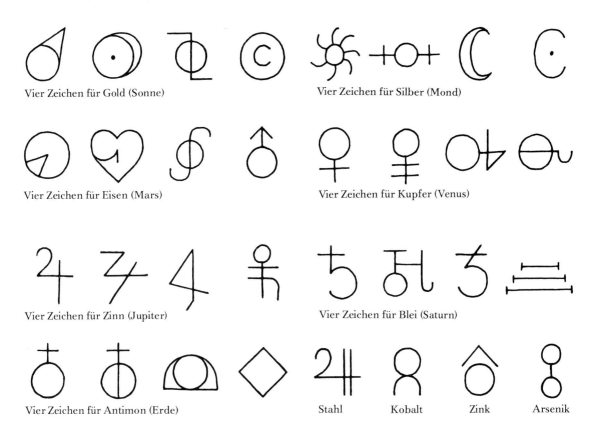

Vier Zeichen für Gold (Sonne) Vier Zeichen für Silber (Mond)

Vier Zeichen für Eisen (Mars) Vier Zeichen für Kupfer (Venus)

Vier Zeichen für Zinn (Jupiter) Vier Zeichen für Blei (Saturn)

Vier Zeichen für Antimon (Erde) Stahl Kobalt Zink Arsenik

Wir können uns für unser Thema mit dieser gestrafften Darstellung alchimistischen Denkens begnügen und zusammenfassend sagen, daß es sich dabei um Überschreitungen der Schwelle zwischen Glauben und reiner Wissenschaft handelte, um im Experiment beides, Erkenntnis und Heil, zu finden.

Neben den oben angeführten Haupt-Zeichen der Metalle wäre noch eine Vielzahl andersartiger Stoff-Zeichen aufzuzählen. Wir beschränken uns auf eine kleine Auswahl:

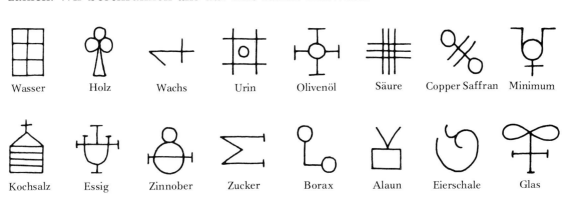

Wasser Holz Wachs Urin Olivenöl Säure Copper Saffran Minimum

Kochsalz Essig Zinnober Zucker Borax Alaun Eierschale Glas

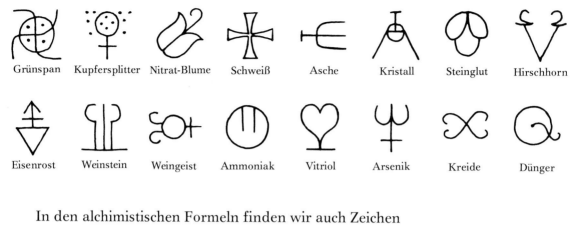

Grünspan	Kupfersplitter	Nitrat-Blume	Schweiß	Asche	Kristall	Steinglut	Hirschhorn

Eisenrost	Weinstein	Weingeist	Ammoniak	Vitriol	Arsenik	Kreide	Dünger

In den alchimistischen Formeln finden wir auch Zeichen für die chemischen Vorgänge und Prozeduren:

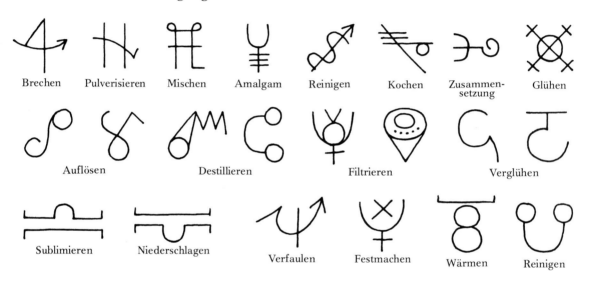

Brechen	Pulverisieren	Mischen	Amalgam	Reinigen	Kochen	Zusammen-setzung	Glühen

Auflösen	Destillieren	Filtrieren	Verglühen

Sublimieren	Niederschlagen	Verfaulen	Festmachen	Wärmen	Reinigen

Interessant sind ebenfalls die Zeichen, die für die Utensilien und Behälter benutzt wurden:

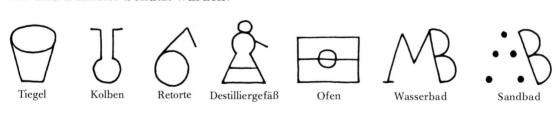

Tiegel	Kolben	Retorte	Destilliergefäß	Ofen	Wasserbad	Sandbad

Die für die chemischen Prozesse außerordentlich wichtigen Zeitbegriffe wurden ebenfalls in Zeichen ausgedrückt:

Stunde	Tag	Nacht	Tag und Nacht	Woche	Monat	Jahr

Es muß noch betont werden, daß den alchimistischen Zeichen nicht eine weltweite einheitliche Deutung zugesprochen werden kann. Durch die geographischen, sprachlichen und individuellen Unterschiede der alchimistischen Menschengruppen findet man für gleiche Stoffe von Land zu Land oft ganz verschiedenartige Zeichengebungen. Die hier abgebildeten Zeichen geben nur eine kleine Auswahl aus der Vielfalt vorhandener Zeichen wieder.

Glühen

4. Kabbalistische Zeichen, magische Zeichen, Talismane

Obwohl die eigentlichen magischen Zeichen nicht in die Reihe der voranstehenden Gruppe der Pseudowissenschaften gehören, schließen wir dieses Kapitel mit einigen andeutenden Bemerkungen zu dieser Zeichenart ab. Hauptsächlich deshalb, weil sie in der vielfältigen Erscheinung von Zeichengebungen im Mittelalter mit letzteren in einer gewissen Verbindung stehen.

Die Bezeichnung kabbalistisch ist heute zu einem gebräuchlichen Ausdruck geworden, und es wird damit gemeinhin das magische Zeichen überhaupt gemeint. Die eigentlichen Zeichen der Kabbala beziehen sich jedoch auf eine ganz bestimmte okkulte Philosophie jüdischer Intellektueller, begründet auf die zehn sogenannten Sephiroth-Schemata. Deren zeichenhafter Niederschlag führt über das verbale Schrifttum der Tora hinaus und fixiert okkulte geistige Spekulationen. Der graphische Ausdruck besteht hauptsächlich auf der Verwendung hebräischer Buchstaben als magische Zahlenwerte, die sich zu mystischen Diagrammen formen. Wir bilden drei typisch kabbalistische Zeichen ab. 1 repräsentiert den ersten Buchstaben Aleph, die geistige Wurzel aller Harmonie, Ausgangspunkt zu den übrigen Sephiroth-Schemata. 2 ist ein Diagramm der Welt, das aus den

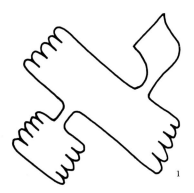

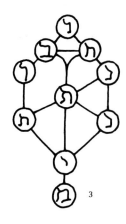

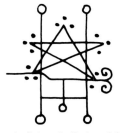

Auf einer jüdischen Schriftrolle.
1. Jahrhundert n.Chr.

Pentagramm

ineinandergeschachtelten Initial-Buchstaben eines jeden Sephiroth-Schematas entwickelt wurde. 3 ist eine zum Lebensbaum gruppierte Darstellung einer Reihe von Sephiroth-Initialen.

Nach der Legende soll die Weisheit der Kabbala (auf hebräisch »Tradition«) von Moses selbst, gestützt auf seine in Ägypten gesammelte Weisheit, in das Reich der Juden eingeführt worden sein. Eine am Toten Meer gefundene Schriftrolle mit Texten einer jüdischen Sekte aus dem 1.Jahrhundert n. Chr. enthält diagramm-ähnliche Zeichen, die den 1400 Jahre jüngeren Zeichen der mittelalterlichen Magie sehr ähnlich sind. (Man beachte das im nebenstehenden Zeichen klar erkennbare Pentagramm, eine Figur, die im Mittelalter immer wieder als magisches Zeichen und Amulett in Erscheinung tritt.)

Es folgen hier einige Beispiele mittelalterlicher Zeichen aus okkulten Wissenschaften und Amulette mit magischer Bedeutung. 1 ist der »Occulta philosophia« des Humanisten Agrippa entnommen. 2 ist ein magisches Zeichen aus dem Buch »Arbatel de magia reterum«. 3 ist ein Talisman-Zeichen, welches Schönheit verleihen soll. 4 ist dem Zauberbuch »Vincula Salomis« entnommen, es enthält die oft in Talisman-Zeichen vorkommenden Initialen AGLA, die Abkürzung der hebräischen Form des Satzes: »Allmächtig bist du, Herr, in Ewigkeit«.

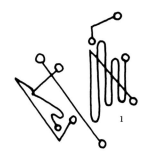

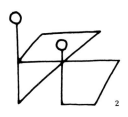

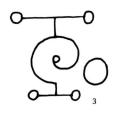

Als graphische Eigentümlichkeit finden sich in vielen magischen Zeichen verschiedenster Herkunft und weit auseinanderliegender Epochen alle Strich-Enden entweder mit Punkten oder kleinen Kreisen verstärkt. Das gleiche Charakteristikum ist auch in den kabbalistischen Geheim-Alphabeten vorhanden. Eigenartigerweise kann ein Vergleich mit den asiatischen Schriften aus Birma, Thailand, Kambodscha etc. angestellt werden, bei welchen an den Strich-Enden ähnliche Rundungen vorhanden sind.

Die Anwesenheit dieser Kreise bewirkt das Verschwinden der Strich-Enden sowie das der Kreuzungs- und Strich-Anschweißungsstellen. Dadurch ergibt sich ein graphischer Ausdruck, der diese Figuren von allen herkömmlichen, gewöhnlich geschriebenen oder gezeichneten Zeichen auf klarste Weise trennt und den mystischen, verschlüsselten Ausdruck wesentlich hervortreten läßt.

Die heute noch gebräuchliche
Schrift in Kambodscha

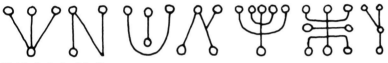

Kabbalistische Schrift

VI Die Signatur-Zeichen

Es ist heute kaum noch vorstellbar, daß es einmal Menschen gab, die keinen eigenen Namen trugen, die nicht als ausgeprägtes einzelnes Individuum gekennzeichnet werden konnten. (Die einzigen Fälle, die im geschichtlichen Bereich der Menschheit erwähnt werden könnten, wären Menschengruppen, die durch eine gewaltsame Abtrennung von ihrem Stamm als Sklaven, gefangene Untertanen etc. »namenlos« wurden.)

Die mündliche Namengebung des einzelnen Menschen hat ihre Wurzeln in prähistorischen Zeiten, also um vieles weiter zurückliegend als alle schriftlichen Traditionen. Die visuelle Darstellung des Individuums – also nicht nur die Zeichnung einer menschlichen Figur, sondern der individuelle Ausdruck eines *bestimmten* Menschen, mit anderen Worten: die Signatur – muß beispielsweise bei Nomadenstämmen sehr früh zur Kennzeichnung des Eigentums von Vieh und Gegenständen entstanden sein. Solche Eigentums-Zeichen wurden bei Funden aus der Steinzeit in Viehgehörn, in Tonwaren geritzt, entdeckt.

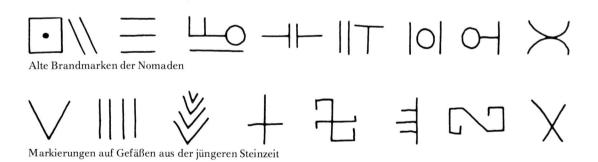

Alte Brandmarken der Nomaden

Markierungen auf Gefäßen aus der jüngeren Steinzeit

Die aus der paläolithischen Epoche (12000 v. Chr.) stammenden vielumstrittenen Kiesel der Grotte Mas d'Azil (Frankreich) sind mit Sicherheit nicht, wie oft angenommen wird, direkte Vorläufer unserer Schrift-Zeichen, hierbei könnte es sich vielmehr ebenfalls um eine Art personen- oder stammbezeichnender Gegenstände handeln.

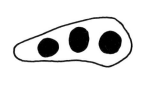

Bemalte Kiesel von Mas d'Azil aus der mittleren Steinzeit

Die Entwicklung der schriftlichen Fixierung der Sprachen hat den Gebrauch individueller Signatur-Zeichen, die Hausmarken etc. keineswegs verdrängt, selbst nicht bis in die jüngste Zeit der weitverbreiteten Schriftverwendung. Dafür gibt es verschiedene Begründungen. Lesen und Schreiben ist heute längst nicht allen Menschen vertraut, und es ist noch nicht lange her, daß vor allem in den Entwicklungsländern schriftunkundige Leute mit Kreuzen Dokumente unterzeichneten. Andererseits besitzt selbst in gebildeten Kreisen das Signatur-Zeichen immer noch jene geheime Anziehungskraft eines verborgenen Aspekts, aber auch den eines schmückenden Effekts. (Wir bilden nebenstehend zwei typische Zeichen großer Künstlerpersönlichkeiten ab.)

Michelangelo

Des weiteren unterliegt das Signatur-Zeichen einem räumlichen Gesetz, das alle Unterzeichnungen fast ausschließlich in einer punkthaften Dimension (so breit wie hoch) reduziert, im Gegensatz zum linear-langgezogenen Schriftzug des vollausgeschriebenen Namens.

Eine bezeichnende und für sich sprechende Illustration ist folgende Abbildung eines aus dem 17. Jahrhundert stammenden Markierungsbrettes, das auf einem finnischen Bauernhof dazu diente, die Tagelöhner gerecht zu entlohnen. Jeder Arbeiter hatte sein persönliches Signatur-Zeichen in das Brett eingehauen. Am Abend eines jeden Tages oder am Ende einer Woche wurde neben dem Zeichen ein Nagelloch geschlagen. Zu beachten ist die Ähnlichkeit einzelner Zeichen. Es hat sich dabei wahrscheinlich um Brüder oder Verwandte gehandelt, vielleicht auch um Arbeiter derselben Berufsgruppe. Der Ursprung dieser Zeichenformen ist schwer zu deuten. Vorhanden ist offensichtlich ein Einfluß der alten Runen-Zeichen (siehe Band 2, Seite 33). Erinnerungsstützen an Gegenstände wie Sonne, Sägebock etc. sind natürlich nicht auszuschließen.

Peter Vischer

Der Drang nach persönlicher Identifizierung durch eine sichtbare Aufzeichnung kann als grundlegender Ausgangspunkt der Entstehungsgeschichte des Zeichens im weitesten

Sinne angenommen werden und muß zeitlich in den Bereich des frühesten geistigen Erwachens der Menschheit angesiedelt werden.

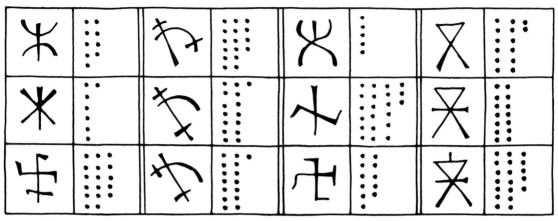

Personal-Verzeichnis mit Eintragungen der Tagelöhner. Finnischer Bauernhof, 17. Jahrhundert.

1. Steinmetz-Zeichen

Die überlieferten Zeichen, die als Signatur des Erzeugers, als Siegel des Eigentümers oder als verantwortliche Bestätigung eines Entscheides gesetzt wurden, finden sich in großer Zahl auf allen aus der Vergangenheit stammenden Gegenständen, Dokumenten etc. Besonders von Interesse sind für uns zunächst die Erzeuger-Signaturen, die wohl den größten Teil des Zeichengutes ausmachen und die auch als eigentlicher Ursprung der späteren Marken-Zeichen (Kapitel 8) gewertet werden können.

Die Steinmetz-Zeichen stellen mengenmäßig die umfangreichste Gruppe dar, und zwar aus dem einfachen Grund, weil ein Zeichen, das in Stein gehauen ist, die Jahrhunderte unversehrt zu überdauern vermochte. Diese Zeichen bilden denn auch für die Historiker der verschiedenen Zweige (Kunst, Technik, Ethnologie, Soziologie etc.) eine Fundgrube an Forschungs- und Beweismaterial.

Der verantwortliche Baumeister für den Erhalt des Straßburger Münsters, Dr. J. Knauth, hat sämtliche Steinmetz-Zeichen seiner Kathedrale inventarisiert und ist auf die erstaunliche Zahl von über 1500 verschiedenen Zeichen gekommen. Aus dieser hervorragenden Studie haben wir uns erlaubt, eine kleine Auswahl zusammenzustellen. Dem Leser wird mit dem ersten Blick auf diese Tafel deutlich, wie differenziert die formale Entwicklung der Zeichen im Verlauf der Bauzeit war, die sich insgesamt auf über 500 Jahre erstreckte (1200–1700).

Entstehung und Entwicklung der Steinmetz-Zeichen stehen mit den sozialen Zuständen des Mittelalters in engem Zusammenhang. In der Frühzeit der romanischen Bauten waren es hauptsächlich Ordens- und Laienbrüder, deren Tätigkeit mit Nahrung und Obdach im »Gotteslohn« beglichen wurde. Zeichen aus dieser Periode sind rar. Mit Beginn der Kreuzzüge entwickelte sich jedoch sehr bald die Entlohnung durch den aufkommenden Geldwechsel. Der Bezahlung durch Naturalien, die einer Tagesentlohnung entsprach, folgte die Akkord-Arbeit. Der Steinhauer befreite sich aus der direkten sozialen Abhängigkeit des Bauherrn, und zum Zeichen einer gerechten Entlohnung signierte er die gehauenen Steine. Die ersten Zeichen sind sehr individuelle figürliche Darstellungen von Gegenständen der unmittelbaren Umgebung (Reihe 1 und 2). Mit der Zeit nehmen die immer häufiger auftauchenden Zeichen abstrakte Formen an, deren geschlossener Umriß jedoch immer noch einen gegenständlichen Ausdruck bewahrt (Reihe 3 und 4), mit Ausnahme der rein geometrischen Zeichen (Reihe 5), die dem Steinmetz keineswegs fremd waren, da sie die Form seiner Steine in sich enthalten.

In der Zeit der gewaltigen Ausdehnung der mittelalterlichen Bauindustrie schlossen sich die Bauhandwerker mehr und mehr zusammen. Daraus haben sich die sogenannten »Bauhütten« entwickelt, eigentlich Brüderschaften mit örtlichen Fixierungszentren: Straßburg, Köln, Wien, Bern sind als wichtigste zu nennen. Die Zugehörigkeit zu einer Gemeinschaft wurde aus dem Zeichen des Handwerkers ersichtlich. Die Wanderschaft durch weite Länder erklärt dieses Bestreben der sichtbaren Bestätigung der Herkunft auf deutliche Art.

Acht Steinmetze aus der gleichen Bauhütte

Franz Rziha hat eine These aufgestellt, nach der jede Bauhütte ein Grundschema hatte, das gewissermaßen einem individuellen geometrischen Raster entspricht, das dem Ge-

Steinmetz-Zeichen am Straßburger Münster

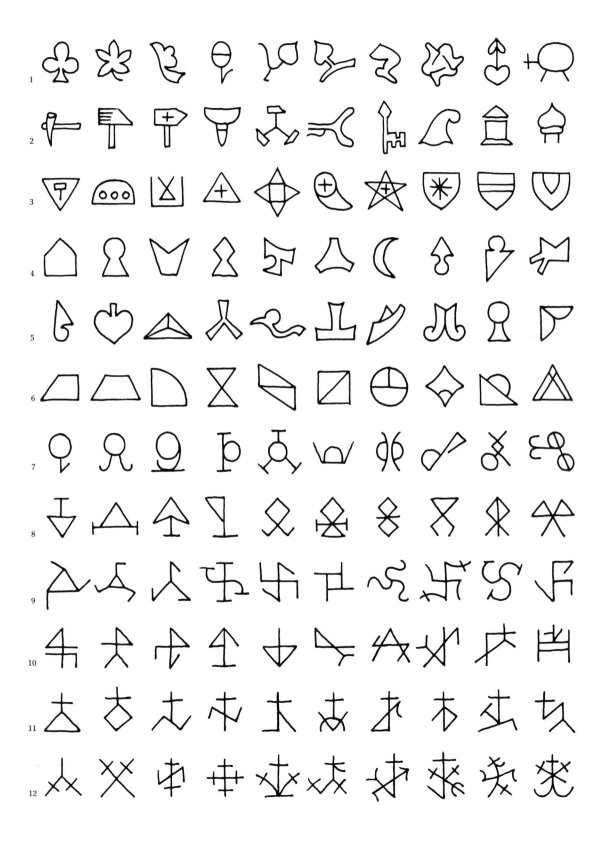

sellen nach vollendeter Lehrzeit als Geheimschlüssel über-
geben wurde und auf dem er sein persönliches Zeichen zu gestalten hatte.

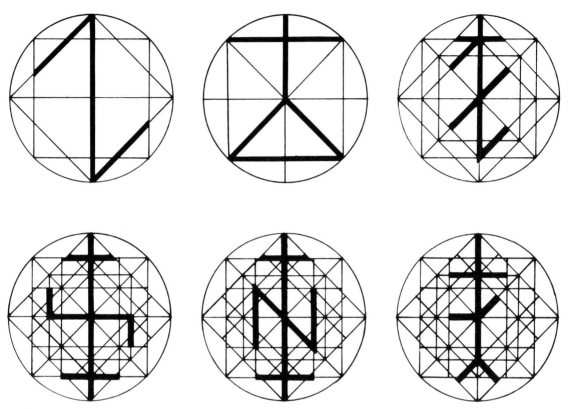

Bauhütten-Grundfiguren und darauf abgebildete Gehilfen- Zeichen
(These nach Rziha)

Diese Analyse erscheint vom Gesichtspunkt moderner
Logik sehr plausibel. Es ist bestimmt anzunehmen, daß in
der Nachrenaissance-Zeit solche Schemata entwickelt und
ausgenutzt wurden. Rzihas Theorie geht jedoch zu weit in der
Annahme, daß auch die früheren Zeichen bereits auf Grund-
rastern konstruiert wurden.

Zu unserer Tafel zurückkehrend sei noch bemerkt, daß
die Anordnung nicht genau einer zeitlich-chronologischen
Entwicklung folgt. Trotzdem ist eindeutig festzustellen, daß
sich die Zeichengebung immer mehr von der Umrißfigur entfernt (von Reihe 7 bis 12). Die Zeichen des 17. Jahrhunderts
sind fast ausschließlich umrißlos und total unfigürlich geworden, sie weisen stets vermehrte Kreuzungsstellen auf,
und die Anzahl an Strich-Enden wird immer größer (siehe
Band 1, Zeichen-Topologie Seite 32 bis 39).

In den Reihen 7 und 8 sind rund und eckig geschlossene Zeichen mit offenen Strichausläufen zusammengestellt. In Reihe 9 stehen Zeichen mit Drehbewegungen, eine stets wiederkehrende, beliebte Ausdrucksweise. In Reihe 10 stehen links Anwendungen des viel gebrauchten Hermes-Zeichens, welches der Ziffer 4 ähnlich ist. In den Reihen 11 und 12 wird der einheitliche Grundriß des obenanstehenden Kreuz-Zeichens durchgehend ersichtlich, die von den Steinmetzen, wahrscheinlich christlich-religiösen Impulsen zuzuschreibende, meistgebrauchte Typisierung.

2. Die Monogramme

Die Entwicklung der abendländischen Schrift hatte sich im alten Griechenland bis zur letzten Vereinfachung der Laut-Zeichen vollzogen (siehe Band 2, Kapitel 2). Für jeden Konsonanten und für jeden Vokal war nun ein abgeschlossenes individuelles Zeichen erfunden, und es konnte durch Zusammensetzung jedes Wort, jeder Satz wiedergegeben werden.

Es ist erstaunlich, daß uns aus derselben Zeit der Gebrauch dieser Laut-Zeichen auch schon in Form sogenannter Monogramme, also ungrammatikalisch überliefert ist. Der Wunsch nach einem punkthaften Gebilde als Gegenimpuls zum linear-langgezogenen Wort bestand also bereits in der Frühzeit unseres Schrifttums. – Es muß dabei betont werden, daß die signethafte Anordnung der Buchstaben stets nur im Zusammenhang mit Namens-Abkürzungen, als Signaturen, in Erscheinung tritt.

Die Abkürzung eines Namens zum Monogramm ist wohl nur zum Teil einem gewissen Hang zur Ornamentik und dem Zweck der Verschlüsselung zuzuschreiben. Es ist vielmehr anzunehmen, daß auch in diesen Erscheinungsbildern das Stofflich-Materielle eine wesentliche Rolle gespielt hat. In die Form von Monogrammen werden vor allem die Namen der gehobenen Klasse gebracht. Herrscher und geistige Führer prägten ihre Macht durch bestätigendes Anbringen von Siegeln auf Urkunden, Gesetzen etc. oder durch Einprägung auf Münzen, durch Aufzeichnung auf Besitztum und Banner. Münzen waren fast immer rund, auch Siegel unterlagen einer zweidimensionalen Beschränkung. Diese formalen Be-

Griechisches Monogramm

Runde Begrenzung: Münze
Rex Pipinus

dingungen führten wohl in erster Linie zur Verwendung der Anfangsbuchstaben von Name und Titel und deren Zusammenfügung zum Monogramm.

In diesem Kapitel möchten wir ebenfalls noch die sogenannten Chrismon- oder Christus-Monogramme erwähnen, obschon diese eigentlich in den Bereich der Symbol-Zeichen gehören, denn die Chrismon waren keine Signaturen, sondern abstrakte Substitutionen der anzustrebenden Gottesfigur. Die vielfältigen Benennungen der Erlöserfigur in griechischer und lateinischer Sprache gaben durch die Jahrhunderte hindurch Anlaß zu unzähligen Buchstabenzusammenschlüssen. Die Buchstaben-Kombinationen wurden dabei zumeist mit der Kreuzform in Verbindung gebracht. Als typische Beispiele von Chrismon-Zeichen seien folgende aufgeführt.

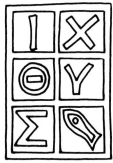

Altes Chrismon aus Griechenland
ICHTUS heißt auf griechisch Fisch, zugleich Initialen : Jesus Christus, Gottes Sohn, Erlöser

Jesus Hominum Salvator

Jesus Christus, Rex, Conceror

Der Heilige Geist

Christus, Alpha et Omega (Anfang und Ende)

Monogramme aus zwölf Jahrhunderten

VII Die Zeichen der Gemeinschaft

1. Die Hausmarken

Im Verlauf des Mittelalters entwickelte sich, ungefähr parallel zu den Steinmetz-Zeichen, hauptsächlich im Bauernstand und bei angesehenen Bürgern, das gleiche Bedürfnis einer sozusagen graphischen Personifizierung, indem individuelle Zeichen erfunden und an Häusern, auf Geräten, aber auch auf Grabsteinen und später auf Urkunden angebracht wurden. Innerhalb der Familie und dadurch im Zusammenhang mit der Erbgemeinschaft, haben sich im Laufe der Jahrhunderte die Familien-Zeichen entwickelt, die sich später in der Heraldik – in Wappen, Schildern, Bannern etc. abgebildet – wiederfanden.

Die meisten Bauern und Gewerbeleute des Mittelalters waren, wie die Steinmetze, der Schrift unkundig. Die thematischen Grundlagen der Zeichen-Erfindung lagen deshalb vorerst in der mehr oder weniger stilisierten Wiedergabe von Gebrauchsgegenständen (siehe nachstehende Tafel, Reihe 1 und 2). In den abstrakten Zeichen spielte die Kreuzform, wie bei den Steinmetzen, eine prominente Rolle (Reihe 3). Die Kaufleute hatten als Grund-Zeichen das der Ziffer Vier naheliegende Hermes-Merkur-Zeichen schon sehr früh als allegorische Grundform gewählt (Reihe 4).

Das Individuum innerhalb einer Familie suchte seine eigene Persönlichkeit dadurch auszudrücken, indem es dem Grundriß des Familien-Zeichens ein Element hinzufügte (Reihe 4 und 5). So sind Zeichen-Reihen mit kleinen Abweichungen entstanden, die jedoch die Zugehörigkeit zur Gruppe, zur Familie bestätigen (Reihe 5).

Das Auftreten der Personen- und Hausmarken war jedoch nicht das Privilegium der westlichen Welt.

In allen Kulturkreisen haben sich ähnliche Entwicklungen vollzogen. Als Beispiele aus dem Fernen Osten wären die chinesischen Siegel, oft in Form von Stempeln, zu erwähnen, deren Aufbau meist aus Kombinationen von Bild und Schrift-Zeichen besteht. Als faszinierendes Beispiel angewandter Kunst soll aber hauptsächlich den japanischen Familienwappen ein gebührender Platz eingeräumt werden.

Chinesische Familien-Zeichen

105

Abendländische Hausmarken aus dem Mittelalter

Erläuterungen zu diesen Zeichen sind im vorstehenden Text gegeben

Japanische Familienwappen

2. Japanische Familienwappen

Ein Begriff gediegener und ausgewogener Schönheit tritt uns im gesamten überlieferten Kulturgut Japans entgegen. Die stark geistige, ja fast meditative Verbundenheit mit der Natur haben die architektonische Konzeption des Lebensraumes, die Gestaltung aller Gegenstände, die Bekleidungen etc. tief beeinflußt.

Diese Ausgewogenheit tritt uns in den japanischen Familien-Zeichen sehr eindrucksvoll entgegen. Die Wappen-Zeichen wurden meist als einziger Zierat auf die Gewänder gestickt. Die ersten »mon«, so werden sie von den Japanern genannt, sind aus dem 9. Jahrhundert n. Chr. erhalten und werden heute noch an Hauskleidern zu Zeremonien getragen.

3. Über die Heraldik

Die Heraldik ist heute sozusagen zu einer Zweigwissenschaft der Historik selbst geworden. Neben den überlieferten verbalen Aufzeichnungen geben die Wappen auf Waffenrock, Banner, Schild oder Urkunde über Aufgeschriebenes hinaus aufschlußreiche Auskunft über Zusammenhänge und Begründungen von Geschehenem. Wissenschaftliche Standardwerke über dieses Thema gibt es denn auch in Beziehung zu jeder kulturgeschichtlichen Epoche und Linie in reicher Anzahl. Der Raum sowie die Thematik unserer Betrachtungen erlauben es allerdings nur, dieses weite Gebiet als solches zu erwähnen und in einigen grundlegenden Prinzipien zu streifen.

Die Bezeichnung Heraldik entstammt dem Wort »Herold«, der Bote oder Verkünder, der im Mittelalter oft die Funktion eines Diplomaten ausübte. Seine Tracht war durch sein alleiniges Auftreten eine Bezeugung der Zugehörigkeit zu einer Gruppe, zu einer Herrschermacht, die vom feindlichen Lager eindeutig erkennbar sein mußte. – Mit dem Beginn der Kreuzzüge erhielten bald alle Kreuzritter eine einheitliche Tracht zur äußeren visuellen Bezeichnung der Zusammengehörigkeit, denn beim Verlassen des heimatlichen Bodens in Gebiete anderer Sprachen, anderer Sitten, wurde dieser Ausdruck einer Brüderschaft, »unter *einem* Banner« zu stehen, zur psychologischen Notwendigkeit, Mut zum Kampf und Wille zur Ausdauer spendend.

Wenn zu Beginn das gesamte Erscheinungsbild des Herolds oder Ritters in Betracht gezogen wurde, also Bekleidung, Satteltuch etc., so beschränkte sich im Lauf der Zeit der Kennwert auf Einzelteile der Rüstung (z. B. Helmzier). Zuletzt war es vor allem der Schutzschild als größte plane Fläche der Ritterfigur, der als Träger der Sippenfarbe, der Gruppenzugehörigkeits-Graphik fungierte.

Es ist leicht zu verstehen, daß die *Farbe* als erstes und wichtigstes Kenn-Zeichen benutzt wurde. Die Reihe klar unterscheidbarer Farben beschränkte sich jedoch auf die geringe Zahl der Primärfarben.

| Rot | Blau | Grün | Gelb (Gold) | Weiß (Silber) | Schwarz |

Das zweite Mittel der Kennzeichnung bestand in der Anwendung von Farbkombinationen, also Rot mit Blau, Rot mit Gelb etc., was die Anzahl von Unterscheidungs-Gruppen um etliche Varianten erweiterte. Dabei galt die Grundregel: Stets hat Farbe auf Metall (d. h. Gold, Silber) oder Metall auf Farbe zu stehen, um die erforderliche visuelle Fernwirkung zu erzielen. Zu dieser Mehrfarben-Markierung trat ein weiterer, wesentlicher Zeichen-Faktor hinzu, nämlich derjenige der Naht-Richtung, das heißt die Anlage, in der die Farbfelder zueinander stehen: horizontal, vertikal, schräg etc.

Mit der Zeit wurde diese einfache Flächenaufteilung verfeinert, indem die sekundär aufgetragene Farbfläche nicht mehr als Füllung des Raumes bestand, sondern einen in ihrer Kontur eigenen zeichenhaften Ausdruck annahm.

| Chevron | Gabel | Kreuz | X-Kreuz | Doppelbalken | Malteser-Kreuz |

Wir wollen hier einen Gedanken einschalten, der weit außerhalb des Themas der Heraldik liegt, gleichwohl aber die vorhergehende Überlegung im Bereich des graphischen Ausdrucks im weitesten Sinne berührt. Nämlich einen Vergleich dieser frühen Wappenerscheinungen mit den bereits erwähnten bemalten steinzeitlichen Kieseln aus der Grotte von Mas d'Azil, die in der gleichen Art auf einer gegebenen Form (ob Schild oder Kiesel) den Raum durch ein flächenhaftes Zeichen, von Rand zu Rand des Objekts laufend, unterteilen. In beiden Fällen vereinigen sich Objekt und Zeichnung aufs engste, und die Ausstrahlung ist dadurch um vieles verstärkt. Es handelt sich dabei wohl um Markierungsobjekte zur Personifizierung des Besitzers. Als Beispiel aus der Gegenwart könnte ein Rotkreuzwagen der Kriegszeit genannt werden, auf dem das Signal-Zeichen nicht in Form einer Marke oder einer Vignette angebracht war, sondern sich von »Rand zu Rand« über das ganze Vehikel erstreckte (siehe Band 1, Seite 29 und 57).

Vorläufer des Wappens aus der Steinzeit?

Eine weitere Art der klaren Differenzierung bestand nun in der strukturellen Aufteilung der Fläche durch das Ineinanderdringen der Farbflächen in einer verkleinerten Flächen-Aufteilung, gewissermaßen in rasterhafte Elemente.

Die Einteilung einer Wappenfläche in Felder oder sogenannte »Heroldstücke« ließ die verschiedenen Farbflächen in geradliniger Begrenzung nebeneinanderstehen. Durch den ständigen Drang zur Bereicherung und zur Differenzierung erweiterten sich jedoch auch diese »Naht-Linien«, von Heraldikern auch »Schnitte« genannt, in verschiedene rhythmisch gebogene, geknickte Variationen. Wir zeigen hier einige davon.

Der Aufbau eines Wappens unterlag im Verlauf der Jahrhunderte immer strengeren Vorschriften. So war zum Beispiel die Einteilung der Schildoberfläche genauen Gesetzen in Formgebung, Flächenunterteilung, Strukturierung etc. unterworfen. Auf einem Wappenschild, dem »Feld«, bestanden angemessene Plätze, in denen Zugehörigkeit, Rangbezeichnung oder Herkunft einer Person klar ersichtlich wurden. 1 bis 3 ist das Schildhaupt, 7 bis 9 der Schildfuß. Die

Gezierte Nahtlinien

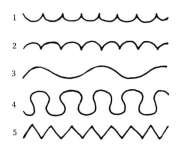

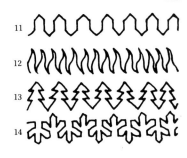

1 Dornenschnitt
2 Schuppenschnitt
3 Wellenschnitt
4 Wolkenschnitt
5 Zahnschnitt

6 Zickzackschnitt
7 Zinnenschnitt
8 Schwalbenschwanzschnitt
9 Krückenschnitt
10 Astschnitt

11 Eisenhutschnitt
12 Flammenschnitt
13 Tannenschnitt
14 Tannenreisschnitt

2	1	3
5	4	6
8	7	9

Hauptfigur situierte sich selbstverständlich im Mittelraum 4, beherrschende Stellung hatte das Feld 1. Die vom Schildträger aus situierten Felder auf der rechten und linken Flanke hatten andere, zweitrangige Bedeutung (Verwandtschaft, Allianzen etc.).

Die vorstehende Erläuterung umfaßt bis jetzt nur denjenigen Teil der Heraldik, den man als Unterlage oder Hintergrund bezeichnen könnte.

In diese grundlegende Strukturierung wurde das eigentliche Personen- oder Herrscher-Zeichen eingegliedert. Dies wird vom Heraldiker als »Wappenbild« bezeichnet. Die persönlichen Attribute reichen in ihrer Vielfalt weit über die im vorigen Abschnitt erwähnten Haus-Zeichen hinaus. In den meisten Fällen stammen sie auch nicht aus dem uns interessierenden Bereich der Zeichen, sondern vielfach handelt es sich um rein figürliche Darstellungen wie zum Beispiel jene Tierfiguren, die Macht ausdrücken: Löwe, Adler, Bär etc.

Der Bereich der in Wappen übernommenen Abbildungen aus der Natur, aus der Umgebung in Haus und Werkstatt ist unzählig. Seltener im Vergleich dazu ist die Abbildung der menschlichen Figur selbst anzutreffen.

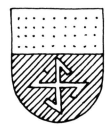

4. Gemeinschafts-Zeichen der Gegenwart

Politische, religiöse und auch ethnologische Bewegungen stützen sich auf die Annahme, daß der heutige, vor allem aber der zukünftige Mensch im Auftrieb der stets weitergespannten Kommunikationsmittel den Drang zur Sippschaft, zur Gruppierung verlieren werde und daß er als Zukunftsideal eine allumfassende Gemeinschaft der »Weltbürger« anstrebe. Die UNO ist das repräsentativste Beispiel dieser Bestrebung. In diesem Zusammenhang wird auch die Heraldik heute gerne als eine Zeichen-Lehre der Vergangenheit betrachtet.

Demgegenüber ist die Machtlosigkeit der UNO augenscheinlich: die Spaltung zwischen den Menschengruppen der Welt erscheint tiefer denn je. Die Farben der Staatsflaggen, die vor dem UNO-Gebäude flattern, werden sich nicht ineinander vermischen und zu einem Weltbanner vereinigen lassen. Jedes Land wird seine Individualität verteidigen, um seine eigene Lokal-Farbe zu behalten.

Die Staatsflaggen bilden deshalb die Hauptsubstanz der modernen Heraldik. Das Erscheinungsbild dieser Wappen hat sich in vielen Fällen aufs äußerste vereinfacht, indem das Gesamtwappen nur durch gerade Unterteilungen zu farbigen Flächengruppierungen zusammengestellt wurde. Es ist jedoch bezeichnend, daß das Erkennen eines Staates nach alleinigen Farbkombinationen für den Uneingeweihten sehr schwierig ist.

 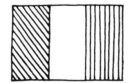 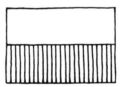 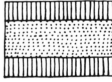

Österreich   Italien   Polen   Spanien

Mnemotechnische Hilfen sind Flächenbegrenzungen, die nicht nur die Fahne in Felder zerteilen, sondern im Rechteck eine neue, wenn auch einfache, selbstsprechende Silhouette erscheinen lassen (Kreuz, Dreieck, Schrägstrich etc.).

 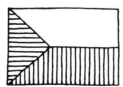 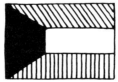 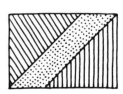

Dänemark   Tschechoslowakei   Kuwait   Kongo

Viele Staatsflaggen haben zusätzlich zu diesen einfachen Flächeneinteilungen sogenannte Wappenbilder beibehalten, welche die Erkennungskraft eines Wappens um vieles steigern. Dabei können zwei Kategorien der Zeichengebung unterschieden werden: die eine ist gekennzeichnet durch abstrakte, zum Teil symbolische Bilder wie Kreuz, Kreis etc., wobei das Stern-Zeichen weitaus am häufigsten verwendet wird. Der Stern bedeutet entweder die Andeutung an den Zusammenschluß verschiedener Staaten – wie etwa beim USA-Banner, wo die 50 Bundes-Staaten mit der gleichen Anzahl von Sternen versinnbildlicht sind – oder er ist Bestandteil des Symbols des Islams, das sich aus Mondsichel und Stern zusammensetzt. Im 20. Jahrhundert haben sich die sozialistischen Staaten den Stern als Bekennungs-Zeichen angeeignet.

Türkei

Nord-Vietnam

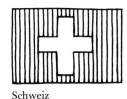

Schweiz

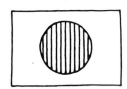

Japan

Die zweite Kategorie von verwendeten Wappenbildern ist gekennzeichnet durch realistische Darstellungen, an denen sich die visuelle Erinnerung am stärksten zu halten vermag.

Kanada

Libanon

Uruguay

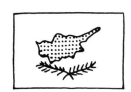

Zypern

Die Verschiedenheit der Lokal-Farben und -Bilder jedes Staates sind Bestandteile des Gesamt-Weltbildes, und es wäre absurd, diese Vielfalt nicht als menschlichen Reichtum zu betrachten und zu fördern. Die Spaltung der Völker in Meinungs-Gruppen folgt nicht den Landesgrenzen, sondern der Tradition politischer, religiöser oder ethnischer Kräfte. Eine Auseinandersetzung mit diesen weltumfassenden Gegenwartsproblemen würde allerdings den Rahmen unserer graphischen Überlegungen bei weitem überschreiten. Wir begnügen uns damit, als Beispiele einige der markantesten

114

Zeichen wiederzugeben, die in einem gewissen Sinn als moderne Heraldik betrachtet werden können, obschon es sich im Grunde um eigentliche Symbol-Zeichen handelt.

Die weithin sichtbaren Kultstätten der Gegenwart sind auf den Turm- oder Kuppelspitzen mit den unverkennbaren Symbolen der Religionen gekennzeichnet.

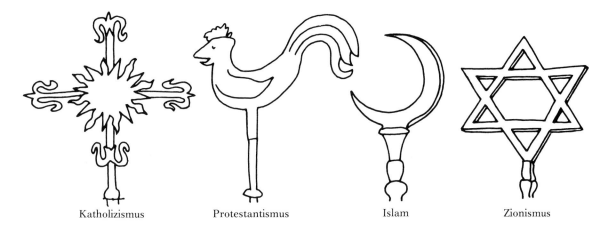

Katholizismus	Protestantismus	Islam	Zionismus

Mit einigen weiteren Beispielen politischer und ethnologischer Wahr-Zeichen schließen wir das Kapitel der Heraldik und damit die Erläuterungen über die Zeichen der Gemeinschaften außerhalb und innerhalb der Völker.

   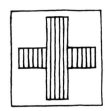

Gegen Atom   Kommunismus   Lothringer-Kreuz
(Gaullismus)   Rot-Kreuz

Olympiade

VIII Die Marken-Zeichen

1. Das Markieren in der Vergangenheit

Die Benennung eines Zeichens als »Marke« trägt ihre Bedeutung im Wort selbst. Es handelt sich nämlich um Signaturen auf Waren jeglicher Art, deren Bestimmung der »Markt« ist. Sie könnten deshalb auch als Waren-Zeichen oder Handels-Zeichen bezeichnet werden.

Der Ursprung der Markierung liegt jedoch noch im Bereich der Eigentumsbezeichnung, von welcher in der Einleitung zum VI. Kapitel – »Die Signatur-Zeichen« – eingehend die Rede war.

a Von der Markierung zur Marke:
Als Beispiel die Brandmarke

Als Beispiel zum besseren Verständnis der Entwicklung des Marken-Zeichens sei einführend zu diesem Kapitel die Brandmarkierung von Zuchtvieh angeführt.

Die Eigentums-Bezeichnung auf Werkzeugen, Haushaltsgegenständen etc. war Ausdruck eines individuellen Willens zur Markierung des Besitztums, der nicht allein auf existenzbestimmende Faktoren zurückzuführen ist, blieben doch die meisten Geräte, Möbelstücke etc. unter dem heimischen Dach des Besitzers. Die Haustiere jedoch, vor allem das Großvieh, hatten keinen ständigen geographischen Standort innerhalb der Begrenzung eines Besitzes. Schafe, Ziegen und Rinder wurden von jeher zu Gemeinschaftsherden zusammengebracht, um von Weide zu Weide getrieben Nahrung zu suchen. Eine Eigentums-Markierung des Viehs war aus diesem Grund absolut notwendig. Die einzige Möglichkeit einer für die gesamte Lebensdauer des Tieres bleibenden Zeichnung bestand im Einbrennen in das Gehörn und in die Haut bzw. in das Fell: eine sogenannte Brandmarke. Diese Form der Besitz-Unterscheidung ist bis in die heutige Zeit immer noch weltweit verbreitet.

Die Bedeutung dieser ursprünglichen Eigentumsmarke wandelt sich jedoch in dem Moment, in dem das Tier auf dem

116

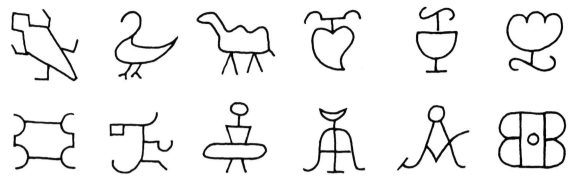

Brandmarken aus Nordamerika 16.-18. Jahrhundert

Markt zum Verkauf angeboten wird: die Eigentumsmarke wird nun auch zur Qualitätsbezeichnung. Das Zeichen eines guten Züchters wird unter den Händlern bekannt und gesucht, es wird zum Markt-Zeichen, und das Tier wird als »Marken-Produkt« zu entsprechend höheren Preisen gehandelt.

b Die Händler-Marken

Auf dieselbe Weise sind die ersten Handels-Marken für viele Produkte entstanden: der Import- oder Exporthändler bezeichnete seine Säcke, Kisten und Bündel von Spezereien, Gewürzen, Früchten etc., um Verwechslungen während des Transports vorzubeugen. An der Marktstelle angelangt, wurden diese Verpackungsaufzeichnungen zu Markierungen für die Identifikation der im Behälter befindlichen Ware, deren Herkunft, und durch den Beweis der Erfahrung zum Zeichen für ihre Qualität. Aus dem einfachen Besitzer-Zeichen war eine Handels-Marke entstanden.

Für eine auch nur teilweise Aufstellung von Handels-Marken würde ein ganzer Band nicht ausreichen. Dabei wäre zu bemerken, daß im Laufe der letzten drei Jahrhunderte diese Qualitäts-Bezeugungen oder die Überzeugungs-Marken fast ausschließlich einen bildhaften und rein verbalen Ausdruck angenommen haben, sich also vom Zeichenhaften lösten, um Illustration und Beschreibung zu wer-

Händler-Zeichen aus dem 14. Jahrhundert

den. Interessant sind die frühesten Händler-Zeichen aus dem 14. und 15. Jahrhundert, in denen noch das rein Zeichenhafte, das heißt, die Anlehnung an Symbole und Abstrakta als wesentliche Bestandteile vorhanden sind. In den angeführten Beispielen sind Andeutungen an die Himmelsrichtungen, die Waage, das Kreuz, das Schiff, die Flagge etc. leicht erkennbar.

Figürlich-verbale Handels-Marke aus dem 18. Jahrhundert

c Die Handwerker- und Gewerbe-Marken

Der Lebensraum des Menschen ist von der frühen Steinzeit her ausgefüllt mit Gegenständen, die nicht lediglich in der Welt vorgefunden, sondern die vom menschlichen *Geist* erfunden, angetrieben und sodann von der menschlichen *Hand* ausgeführt wurden.

In der Entwicklung der handwerklichen Betätigung kam es wahrscheinlich sehr früh schon zu einer Spezialisierung. Das heißt, ein einzelner Mensch arbeitete nicht in allen Bereichen zugleich, sondern beschränkte seinen Wirkungskreis auf die Herstellung bestimmter Arten von Gegenständen. So ist beispielsweise anzunehmen, daß ein Waffenhersteller nicht zugleich auch Töpfer war und daß eine sogenannte »Berufung« zum einzelnen Handwerk stattgefunden hat, die zwangsläufig zu einer Qualitätssteigerung der Gegenstände führte.

Das Gefühl des Berufsstolzes entstand, und es lag dem Hersteller daran, sein Werk zu »unterzeichnen«, eine Marke des Ursprungs als Bestätigung dem fertiggestellten Gegenstand beizugeben, einzuprägen.

Frühe Handwerker-Zeichen haben wir bereits in der Einleitung zum Kapitel VI mit den überlieferten Töpfer-Zeichen aus Ägypten und Mesopotamien angeführt. Mit der Entwicklung der Zivilisation wurde die Differenzierung zum Spezialistentum immer stärker vorangetrieben. Es ist anzunehmen, daß in der Zeit des Sklaventums der Ägypter, Griechen, Römer etc. nur die Meister das Recht besaßen, die von den Händen der Gehilfen hergestellten Objekte zu zeichnen. Erst im Mittelalter trat die Signatur des einzelnen Werkmannes zum Vorschein.

Eines der schon beschriebenen Gebiete der Unterzeichnung stellen die Steinmetz-Zeichen dar (siehe Kapitel VI). Seitdem erscheinen aus allen Jahrhunderten Handwerker-Zeichen der verschiedensten Sparten überliefert, vom Waffenschmied zum Buchdrucker, vom Maler zum Porzellanhersteller, vom Goldschmied zum Architekten, vom Weber zum Papiermacher. Aus dieser Fülle finden wir auf einer Tafel zusammengestellt typische Beispiele aus allen Berufskreisen.

d Struktur-Zeichengebung. Die Wasser-Zeichen

Die Handwerker-Zeichen können in zwei ganz verschiedene Arten unterteilt werden. Einerseits diejenigen, die auf dem vollendeten Werk als Signatur eingraviert, aufgedruckt, aufgezeichnet wurden, andererseits die Struktur-Zeichen, die im arbeitenden Werkzeug das Zeichen trugen und durch das Hantieren damit dem Gegenstand selbst eine Struktur verliehen. Als ältestes Beispiel dafür kennen wir die unterschiedliche Rasterung von Topfböden aus dem Mittelmeergebiet. Die Aufrauhung der Arbeitsunterlage, die dem Gefäß auf der Unterseite eine typisierte Struktur einprägte, war von Töpfer zu Töpfer verschieden. Ähnliche Markierungsarten wurden von Bäckern zur Brotbezeichnung verwendet. Aus der Bronzezeit sind Strukturierungen des Metalls bekannt, die durch das Eingravieren von Zeichen in Hammer oder Amboß entstanden sind.

In diese Kategorie lassen sich ebenfalls die Wasser-Zeichen einreihen. Auf das Sieb des Papier-Herstellers wurden aus einem Draht geformte Zeichen aufmontiert, was zur Folge hatte, daß die Dicke des Papiers an diesen Stellen verringert wurde und dadurch das Wasser-Zeichen in der Struktur des Papieres transparent zum Vorschein kam. Die

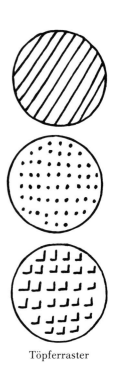

Töpferraster

Berufs-Marken aus verschiedenen Jahrhunderten

Technik der Zeichengebung aus Draht zwang dabei den Markenhersteller zu starker Stilisierung der Bildwiedergabe. In diesem Vereinfachungsprozeß zum zeichenhaften Ausdruck hin liegt die Schönheit dieser etwas naiv aussehenden Zeichen. Zu beachten ist das totale Fehlen von Strich-Enden, typisch für figürliche Zeichen (siehe Band 1, Seite 33 und 37). Die auf der Tafel zusammengestellten Wasser-Zeichen stammen aus dem 15. und 16. Jahrhundert, hergestellt für die Kanzleien des Adels. Sie haben fast ausnahmslos einen figürlichen Ausdruck. Die erhobene Hand (siehe unterste Reihe) war ein vielgebrauchtes Motiv für Wasser-Zeichen in Papieren der Herrscher, die dadurch ihrer Hoheit Ausdruck geben wollten. Die erhobene Hand ist darüber hinaus auch das Schwur-Zeichen der Wahrheit.

2. Die Industrie-Zeichen der Gegenwart

In die moderne Wirtschaft ist heute jeder Mensch als Konsument mit einbezogen. Der Lebensraum ist aufgefüllt von Konsumgütern, ohne die das Leben undenkbar geworden ist. Der Bedarfsartikel ist unmittelbar zum Lebensbedürfnis geworden. Sozusagen erst mit dem Blick auf das vertraute auf der Kaffeebüchse aufgedruckte Marken-Zeichen fängt der Tag an, ein neuer Tag zu sein. Alle Wege sind, von diesem ersten Morgen-Zeichen bis zum letzten Blick am Abend auf das Qualitätsbild der Weckuhr, von Wahr-Zeichen gesäumt.

Angebot und Bedürfnis von Konsumgütern drängen sich in solchen Mengen ins Blickfeld, daß es nur noch möglich ist, sie mit Kurz-Zeichen zu versehen, um ihnen die Chance zu geben, erblickt, erkannt zu werden und im Erkennungsbereich des Konsumenten einen bleibenden Platz einzunehmen, zu sichern.

Das Erfinden und Gestalten solcher Blickfänge, also die Entscheidung über den Erinnerungsbereich, auf den es einzuwirken gilt, die Ausarbeitung des bildhaft stärksten Ein-

1, 2, 3 Älteste Markierungs-Ornamente für Gebäck aus dem nahen Orient. Die Zeichnungen wurden vor dem Backen in den Teig eingedrückt. 1500 v.Chr. 4 Töpfer-Zeichen auf einer Öllampe aus dem antiken Rom. 5 Marken-Zeichen auf Keramik. Doccia. Italien. 6 Delfter-Marke. Der Einfluß des ostasiatischen Stils ist deutlich erkennbar. Dieselbe Bemerkung gilt auch für die Meißener-Marke 7. 8 Porzellan-Marke aus Lyon. 9 Eine der zahlreichen Marken der königlichen Porzellanmanufaktur von Sèvres. 10 In die Klinge eingeschlagenes mittelalterliches Marken-Zeichen eines Klingenschmieds aus Solingen. 11 Peter Henkel, Klingenschmied aus Solingen. 12 Signatur-Stempel eines deutschen Zinngießers. 13 Österreichischer Büchsenmacher. 14 Drucker-Signet von Fust und Schöffer, Mainz. 15 Isabelle Quatrepomme, Kupferstiche. 16, 17 Signatur-Zeichen von zwei Goldschmieden. 18 Zeichen eines Holzschnitzers. 19 Antiquitätenhändler. 20, 21 Französische Bildteppich-Weber, Gobelins. 22 Mittelalterlicher Kupferstecher aus den Niederlanden. 23 Michelangelo Buonarotti. 24 Frans Hals. 25 Albrecht Dürer. 26 Berufs-Zeichen einer Schweizer Weberzunft.

drucks, des graphisch reizvollsten Effekts sind zum wichtigsten Tätigkeitsbereich einer neuen Berufsgattung geworden: die des Graphik-Designers.

Ihm ist eben auch der größte Teil dieses Buches gewidmet, denn aus den Sinnbildern der Vergangenheit lernt er die Beziehung des Menschen zum Zeichen kennen, um auf der Grundlage des Langbewährten die richtigen Erkenntnisse zu erwerben, die richtigen Entscheidungen zu treffen.

Im stets wachsenden Konkurrenzkampf der Wirtschaft wird das Visuell-Anonyme zum Verhängnis. Der Käufer traut dem anonymen Produkt, dem unpersonifizierten Service nicht mehr. Um sich heute auf dem Markt einen Platz zu erobern und ihn zu halten, wird die Kreation eines Identitätsbildes immer unabdingbarer.

Es kann nicht die Absicht dieses Buches sein, einen auch nur annähernden Überblick über die vielen in der ganzen Welt zirkulierenden Identitäts-Marken zu geben. Es liegt über diese Thematik eine ganze Anzahl von ausführlich illustrierten Nachschlagewerken vor (siehe Bibliographie).

In einer absichtlichen Dichtheit aneinandergereiht steht auf den folgenden Seiten eine Auswahl von typischen Signeten der Gegenwart. Die Auswahl und die Reihenfolge wurden nicht aus einer rein qualitativen Sicht, sondern aus dem Blickwinkel einer Analyse der Motiv-Ursprünge vorgenommen.

In den ersten drei Reihen stehen Signete, deren Bildinhalt auf rein figürliche Darstellungen zurückgreift. Was diese Zeichen als Marken erscheinen läßt, ist der Stilisierungsgrad, den der Zeichner bewußt zum graphischen Effekt hin gestaltet hat. Der Grad der Erkennbarkeit des Tieres (Steinbock, Igel, Drache etc.), des Gegenstandes (dritte Reihe: Buch, Burg, Auge oder Linse etc.) ist in jedem Beispiel etwas verschieden, jedoch absolut eindeutig.

Dagegen sind die Zeichen der drei unteren Reihen schon an der Grenze der Abstraktion, obwohl gegenständliche Bilder ersichtlich bleiben (Auge, Signal, auch Büroklammer, Fernsehantenne, Steckdose etc.). Die Zeichen lehnen sich jedoch auch an Erscheinungen von Schemata an, wie Kurvendiagramme, Schienenstränge, Auf- und Abwicklungsprozesse etc.

Auf der zweiten sowie auf dem oberen Teil der dritten Tafel findet sich eine Auswahl von Zeichen, in denen die Anlehnung an Buchstabenformen im Vordergrund steht. Beim Suchen eines Identitätsbildes ist die Zuhilfenahme der Initialen des Unternehmens, des Produkts in vielen Fällen eine

Das moderne Signet, gestützt auf konkrete und abstrakte Figuren

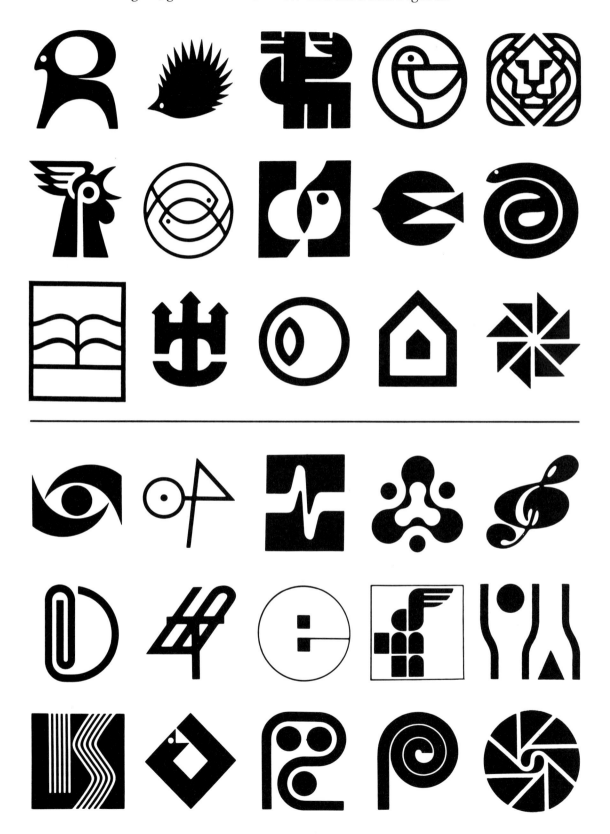

Hilfe, einen typischen graphischen, punkthaften Ausdruck zu finden. Die Möglichkeiten der Zeichengestaltung für Verbände, Organisationsbetriebe, Dienstleistungsunternehmen etc., deren Aktivitäten rein abstrakter Art sind, werden durch den Wegfall jeglichen konkreten Bildes um vieles verringert. Diese Kategorie von Marken-Zeichen wäre eigentlich in das Kapitel der Monogramme einzureihen. Aus rein historischen und ästhetischen Gründen fallen sie jedoch in unserer Zusammenstellung in den Bereich der modernen Identitäts-Zeichen.

Die Monogrammgestaltung folgt verschiedenen graphischen Ausdrucksweisen. Die Lettern erscheinen einmal positiv oder negativ, dann umstochen oder nur flächig. Eine typische Art der Zeichengebung ist die kontinuierliche Strichführung wie beim Schreibvorgang (Tafel 3, Reihen 3 und 4). In den drei mittleren Reihen ist die klare Erkennbarkeit der Buchstaben schon etwas verschleiert durch eine überwiegend stärker ausgeprägte graphische Geometrie.

In den zwei untersten Reihen der Tafel 3 und auf Tafel 4 sind fast ausschließlich abstrakte Erscheinungsbilder zusammengestellt, und zwar in der Reihenfolge, die bereits in Band 1 als Gliederung der verschiedenen Ausdrucksarten einer Zeichengebung festgelegt wurde (Band 1, Kapitel VI und VII).

Auf die linienhaft gezogenen, eben erwähnten sogenannten geschriebenen Zeichen (Band 1, Seite 37) folgen in der fünften Reihe auf Tafel 3 rein flächig ausgeschnittene, auf den reinen zweidimensionalen Aspekt tendierende Signete (Band 1, Seite 75 bis 83), dies im Gegensatz zur letzten Reihe unten, in der Zeichen mit der Absicht eines vorgetäuschten Volumens stehen (Band 1, Seite 85 bis 91). Zu dieser Gattung gehören ebenfalls die auf Tafel 4 in der letzten Reihe unten angeführten Zeichen, in denen graphische Tricks, durch falsche Perspektiven beispielsweise, den Betrachter zu irritieren versuchten, indem ungewohnte Volumenvortäuschungen angewendet wurden (Band 1, Seite 92).

Auf der Tafel 4 oben steht eine Anzahl kreisförmiger Signete zur Versinnbildlichung von Bewegungen in Kreis- und Spiralform. Zur Bezeichnung von Bewegungen im Sinne von Ausdehnung, Zusammentreffen, Um-, Zu- und Durchläufen ist der Pfeil zum absolut eindeutigen und allgemein verständlichen Zeichen-Element geworden, er findet in der modernen Signet-Gestaltung einen fast zu häufigen Gebrauch.

Wenn wir diese Auswahl an graphischen Identitätsbildern objektiv betrachten, müssen wir zugeben, daß aus dem

Als Signet-Grundlage sind die Buchstaben willkommene Elemente

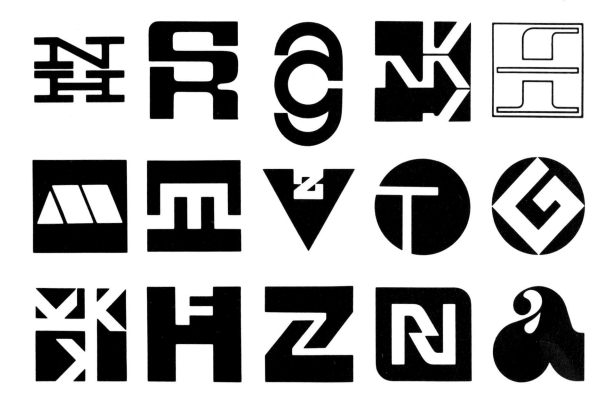

Die Signet-Gestaltung durch Flächenkontraste, Vortäuschung von Volumen etc.

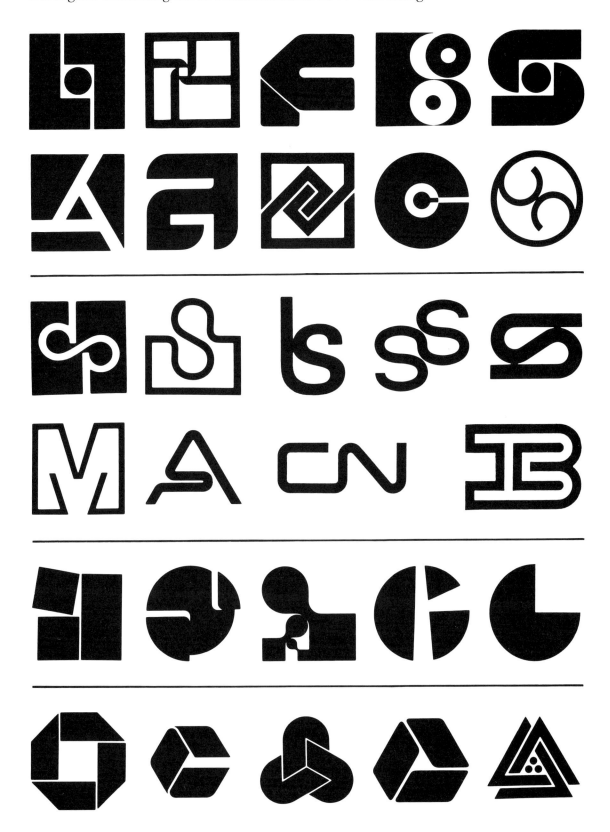

Reine Abstraktionen führen zu nicht immer erwünschten Angleichungen der Signete

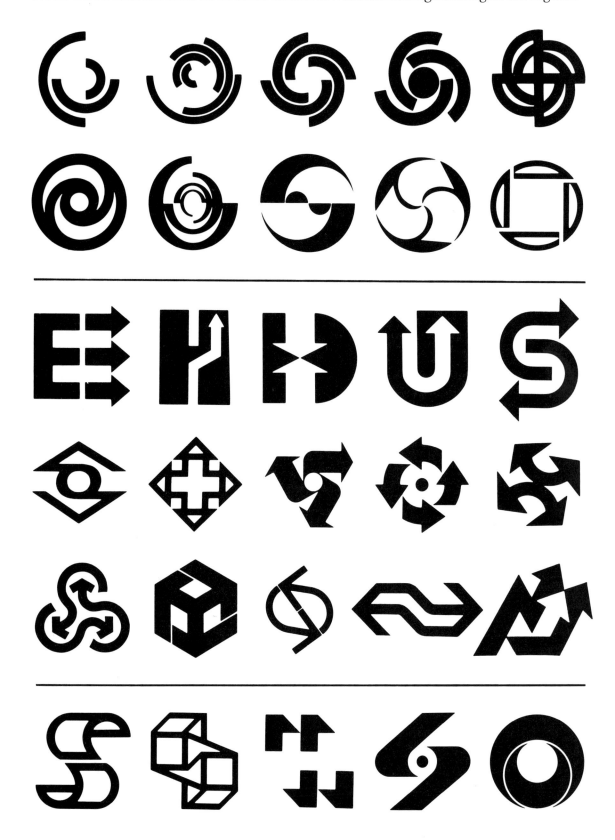

Gesamtüberblick eine gewisse Einseitigkeit in den einzelnen angewendeten Zeichnungsarten, eine gewisse Armut an wirklich neuen, tiefgreifenden Erscheinungsbildern vorhanden zu sein scheint. Die graphischen Schulen sind vielleicht in der Nachkriegszeit allzuoft nur auf den reinen Schwarz-Weiß-Kontrast, auf den leicht zu erweckenden visuellen Schock einer überraschenden Ausspielung von weißen und schwarzen Formen, durch krasses Gegenüberstellen oder kunstvolle Verbindung ausgegangen.

Wir stehen möglicherweise in den beginnenden achtziger Jahren vor einer neuen Generation des Signets. Die mit dem wirtschaftlichen Aufschwung der letzten Jahre aufgetauchten Zeichen scheinen in ihrem oft etwas zu harten und krassen Kontrast ausgeschöpft. Feinere, tiefergreifende, wirklich originellere Zeichen erscheinen mehr und mehr, und dies läßt auf eine positive Aussicht in der Zeichen-Gestaltung hoffen.

Woolmark,
Francesco Saroglia

Admiral Corp., USA,
Morton Gordsholl

Schneidergenossenschaft Polen,
Karol Sliwka

Die auf den vorstehenden Tafeln zusammengestellten Beispiele bilden nur eine ganz kleine Auswahl aus der Fülle von heute bestehenden Firmen-Zeichen. Wir erlauben uns, die Reproduktion ohne Angabe der Autoren und Verleger vorzunehmen, mit dem Hinweis auf die Hauptquellen, aus denen die Zusammenstellung erfolgte: *»Journal of the American Institute of Graphic Arts, No. 5«,* 1966. Walter Diethelm: *»Signet, Signal, Symbol«,* ABC-Verlag, Zürich 1974.

IX Die Zeichen der Technik und der Wissenschaft

1. Die Bilderschrift der Techniker

Der Mensch inmitten seiner neuesten technischen Errungenschaften wird sich immer vergegenwärtigen müssen, daß diese nicht Resultat spontaner, sozusagen aus der Luft gegriffener Erfindungen sind. Jede wissenschaftliche Neuerung ist auf eine vorangehende aufgebaut; im Wort »Fort-Schritt« ist diese Wahrheit selbst verankert: alles Gegenwärtige »schreitet« auf der Erfahrung des Vergangenen »fort« (wie alles Zukünftige auf dem Wissen und Können der Gegenwart sich begründet).

Die herkömmlichen Techniker, deren Arbeit überwiegend in der handwerklichen Manipulation von Werkzeug und Material besteht, nennen sich Handwerker. Sie waren in früheren Zeiten meist des Schreibens und auch des Plänezeichnens unkundig, der kreative Teil ihres Werkes vollzog sich im Arbeitsgang selbst. Der Zimmermann legte das Dachgerüst in seiner Vorstellung zurecht; der Plan des Hauses bestand nicht aus Papier, er war im Kopf des Handwerkers festgehalten. Um das Zusammensetzen des in der Werkstatt zurechtgelegten, zugeschnittenen Holzes auf dem Bauplatz zu erleichtern, bediente er sich bestimmter Zeichen, die er in das Holz einkerbte. Dies war bereits eine Zeichen-Sprache, die jeder Gehilfe mühelos zu interpretieren vermochte.

Nachfolgend sind einige typische Beispiele von Zimmermanns-Zeichen aufgeführt, wie sie auch noch heute im Chalet-Bau in den Bergen gebräuchlich sind.

Solche Zeichen-Reihen (Sätze) waren nicht nur bei den Zimmerleuten gebräuchlich. Sie existierten in fast jedem

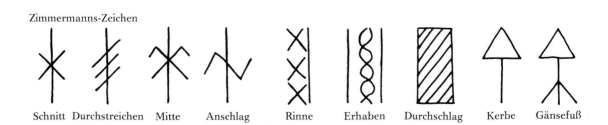

Zimmermanns-Zeichen

Schnitt Durchstreichen Mitte Anschlag Rinne Erhaben Durchschlag Kerbe Gänsefuß

130

Gewerbe, überwiegend aber dort, wo das Werk nicht in der Werkstatt vollendet, sondern an anderer Stelle ein zweiter Vorgang des Zusammensetzens benötigt wurde. Dies war beispielsweise auch in der Steinhauerei der Fall, wobei die eigentlichen Bau-Zeichen, mit den Signatur-Zeichen nicht zu verwechseln, auch meist nicht sichtbar geblieben sind, da die Versatz-Zeichen an den Innenseiten der Steine angebracht wurden.

Im Verlauf der Jahrhunderte hat sich diese »spontane« Arbeitsweise einerseits in einen kreativen oder planenden Teil und andererseits in einen ausführenden Teil der Arbeit auseinanderentwickelt. Typisch für die Arbeitsweise der modernen Technik ist eben die Tatsache, daß der Mensch, der »plant«, nicht mehr derjenige ist, der ausführt. Zwischen Hammer und Nagel, Axt und Balken hat sich das Papier des Planes geschoben, als intellektuelle Zwischenstufe des Werkes. Diese wesentliche Änderung entstand aus der Notwendigkeit der fortschreitenden Komplexität eines Gebäudes, einer Maschine, einer Einrichtung. Ein modernes Gebäude zu erstellen, ist heute ohne Zeichnung, Schema oder Plan undenkbar. Ausführende Handwerker gibt es immer noch, doch arbeiten diese immer mehr im Geiste eines Spezialistentums, dessen Arbeit genau und planmäßig aufgeteilt und in Form von Instruktionen vorgeplant ist.

Ingenieure, Architekten, Techniker bilden heute sogenannte Teams als Werkgruppen, die die Aufgabe haben, in struktureller Weise Rohbau, Installation, Innenausbau etc. zusammenzutragen. Auf allen Gebieten des Konstruierens, des Forschens, des Planens ist es eine Selbstverständlichkeit geworden, das, was gebildet werden soll, auf dem Büro- oder Zeichentisch zu Papier zu bringen.

Diese stets wachsende Unterteilung in Entwicklungsstufen führte unweigerlich zur Gestaltung neuer visueller Ausdrücke, um die jeden Tag sich erneuernden Formulierungen, Entdeckungen, Schlußfolgerungen in einer dem Zweck gemäßen Weise optisch zu fixieren.

Der kreativ denkende Mensch sah sich gezwungen, die alleinige Begrenzung der sprachlichen Fixierung durch Buchstabenreihen zu erweitern und zum Ausdruck von Formeln, Zusammenhängen, Vorgängen etc. eigenständige Zeichen zu erfinden.

In gleicher Weise hat auf dem Gebiet der verschiedenen Techniken die schematische Darstellung die ausführliche verbale Erklärung überflüssig werden lassen. Das Schaltschema selbst des einfachsten Apparates würde Seiten

Zentrifugal-Pumpe

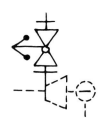

Automatischer Hahn

Rohr-Verjüngung

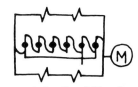

Automatischer Druckdämpfer

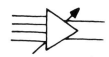

Elektrischer Verstärker

Transistor

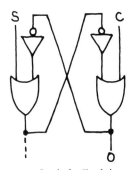

Logische Funktion

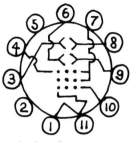

Kathodenröhre

schriftlicher Erklärungen füllen, während der gelernte Techniker mit seiner Kenntnis der neuen Zeichen-Sprache auf einem Schema augenblicklich die Funktion erkennt.

Die Anzahl dieser sogenannten »Kurz-Zeichen« wächst ständig durch den täglichen Fortgang in allen Entwicklungsgebieten. Allein ein begrenzter Überblick über die Vielzahl solcher technischer Zeichen würde weit über den Rahmen unserer Betrachtungen hinausführen. Die wenigen Beispiele am Rande haben denn auch einen rein illustrativen Wert als Ausblick auf eine Welt zeichenhafter Formulierungen, die nur noch von einzelnen Spezialisten erfaßt werden können und die im Dienste ihrer Arbeit, sozusagen als graphische Werkzeuge, stehen.

Zeichen zur Programmerstellung für die Datenverarbeitung

2. Die Zeichen der modernen Wissenschaften

Zeichen und Formeln der Wissenschaften sind von den Werk-Zeichen zu unterscheiden, wenngleich diese und jene sich in bestimmten Punkten treffen und überschneiden. Der Wissenschaftler und Forscher folgt zunächst meist rein theoretischen Gedankengängen, ohne vorab schon an eine praktische Anwendung der erforschten Tatsache, der erreichten Theorie, des neu erfundenen Konzepts zu denken. Die Erfindung und Inbetriebnahme aller technischen, wirtschaftlichen und sozialen Errungenschaften, die das gesamte Leben auf unserem Planeten heute beeinflußt, erfolgte auf dem Wissen der freien, unangewandten, man könnte sagen: »wilden« Forschung. Als Beispiel sei Albert Einstein genannt: seine geistige Arbeit war in ihrer rein theoretischen Natur die Grundlage, auf der die Wissenschafts-Techniker beispielsweise die Verfügung über die Atomkraft in allen bekannten und noch unbekannten Anwendungen entwickelten.

In dem durch hohes Abstraktionsniveau geprägten Bereich der Wissenschaften ist die Kurzschrift in Zeichen-Form wesentlich stärker ausgebaut als in dem vorhergehend angedeuteten Bereich der Technik. Die Vorstellung eines Mathematikers oder Chemikers etwa, der ohne Zeichen und

132

Formeln seine Denkarbeit allein mit Hilfe der alphanumerischen Zeichen zu bewältigen hätte, wäre völlig undenkbar.

Von einem bestehenden Grundbestand elementarer Zeichen ausgehend, sieht sich der Forscher gezwungen, täglich neue Zeichen und Schemata zu erfinden, um neu entdeckte Tatsachen, Stoffe, Zusammenhänge etc. formulieren zu können. Vor dem Hintergrund dieser stets wachsenden Vielfalt ist es nur möglich, auf einer Tafel eine kleine Auswahl der modernen wissenschaftlichen Zeichen als Beispiele neuzeitlicher graphischer Ausdrücke wiederzugeben.

Die immer wieder auftauchende Idee einer Rückkehr zu einer Bilderschrift für allgemeine Zwecke, mit dem Gedanken, die Sprachgrenzen durch ein Bilderschriftensystem zu überschreiten, wie dies zum Beispiel von dem Australier C. K. Bliss in seiner »Semantography« vorgeschlagen ist, erscheint uns in Ansehung bestehender Unterschiede vollkommen unrealistisch. Die Esperantosprache ist das treffende Beispiel einer rein theoretisch durchaus beeindruckenden Idee, die jedoch die tiefverwurzelten, ethnischen Grundstrukturen der Welt nicht zu überbrücken vermag.

Was jedoch Technik und Wissenschaft betrifft, besteht kein Zweifel daran, daß in den speziellen sich ausweitenden Gebieten Zeichen und Bilderschriften in der Entwicklung stehen und in Zukunft zur absoluten Notwendigkeit für die Fixierung und Übermittlung des gesamten weltweiten Gedankengutes werden.

Legenden zu Seite 134
Zeilen 1 und 2 Astronomie (Planeten- und Tierkreis-Zeichen, siehe Kapitel V). Zeile 3 Botanik und Biologie. Zeile 4 Chemie. Zeile 5 Nuklear-Chemie. Zeile 6 Kristallstrukturen. Zeile 7 Geologie. Zeilen 8 bis 11 Mathematik (Funktions- und Beziehungs-Zeichen). Zeilen 12 und 13 Geometrie. Zeilen 14 bis 16 Meteorologie.

Zeichen der modernen Wissenschaften (eine Auswahl)

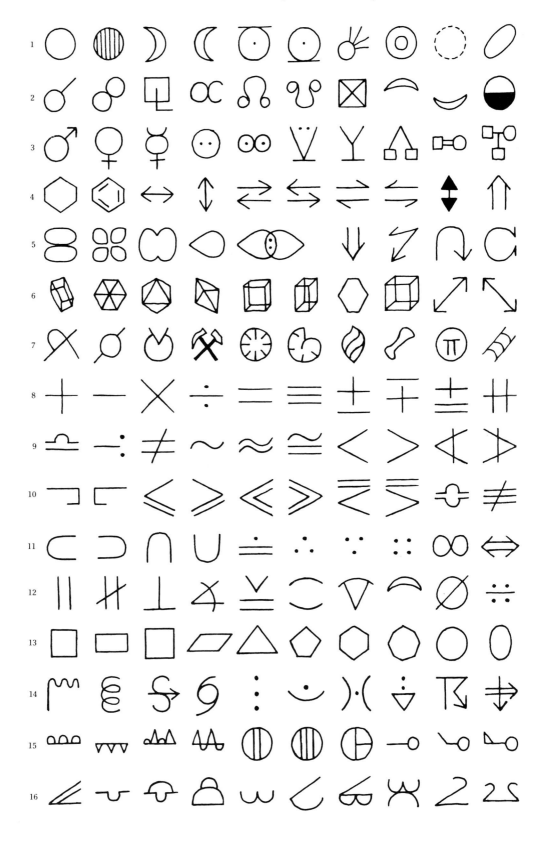

X Die Signal-Zeichen

1. Orientierung in der Umwelt

Das Signal-Zeichen hat, im Gegensatz zu allen anderen Zeichen, weniger eine passiv vermittelnde oder informierende Funktion. Sein Zweck ist im Sinne eines Hinweises, eines Befehls, einer Warnung, eines Verbots, einer Instruktion, nicht so sehr kommunikativer Art, sondern vielmehr auf unmittelbares Reagieren seitens des Betrachters gerichtet. In seiner äußeren Gestalt, etwa in Form einer Tafel, einer Inschrift etc., stellt sich das Signal sozusagen gegen den Willen des Menschen in dessen Blickfeld. Dagegen kann ein gedruckter Text vom Leser nach Belieben aufgenommen oder weggelegt, also aus seinem Blickfeld und somit aus seinem Gedankenbereich entfernt oder in dieses einbezogen werden. Das materialisierte Signal ist zum wesentlichen Bestandteil des Umweltbildes, des Lebensraumes geworden, und ein Ausweichen ist kaum möglich.

Mit der zweiten industriellen Revolution, also mit der Entwicklung der Technologie hat sich der Zeichenbegriff grundlegend gewandelt: War die Welt des Glaubens durch das *Symbol*, diejenige der aufklärenden Vernunft durch das *Zeichen* geprägt, so wird unsere Welt der allseitigen Vermittlung und Kommunikation durch das *Signal* geregelt und strukturiert.

a Deutung und Bedeutung der Signaltafel im Verkehr

Das Verkehrssignal ist ein wesentlicher Bestandteil der modernen Zeit geworden, in der sich der Mensch mit Geschwindigkeiten fortbewegt, die eigentlich seiner physischen Morphologie nicht entsprechen. Die Zeitspanne bis zur Gefahrerkennung entspricht nicht mehr der Geschwindigkeit der für heutige Verhältnisse normalen Fortbewegung, die die natürliche Reaktionsfähigkeit bei weitem übersteigt.

Dem Umgebungsbild
der Stadt zu ähnlich

Besserer Kontrast zum Umfeld

Aggressive Dreiecksform,
Verbots-Signale

Der Dorfsilhouette mehr
angepaßte Form für Warnungs-
Signale

Die Verkehrssignale, sozusagen Neuerscheinungen in unserem Lebensbereich, haben die Struktur unserer Wahrnehmung entscheidend geprägt. Ihre Charakteristiken sind unterteilbar in eine gewisse Hierarchie der Gebotsstärken. Folgende Abstufungen könnten dabei festgehalten werden: *das absolute Verbot:* Einbahn, Stopp, Parkverbot etc., *das Einschränkungsverbot:* nur für Lastwagen, Anlieger etc., *das Erklärungsverbot:* Abzweigung nach rechts nicht erlaubt, um die Verkehrsinsel fahren etc., *das Anweisungssignal:* einspurig, maximale Geschwindigkeit etc., *das Informationssignal:* Kreuzung, scharfe Kurve etc., *das Hinweissignal:* Parkplätze, Distanzangaben, Richtungshinweise etc.

b Die Schildform

Die formale Bestimmung der Signalschilder wurde bewußt oder unbewußt im Hinblick auf die visuelle Eindrucksintensität ausgewählt. Runde Signaltafeln sind im Umfeld am deutlichsten sichtbar, sie entsprechen etwa der aufgehobenen flachen Hand.

Im Gegensatz dazu gehen Quadrate oder Rechtecke im Stadtbild, das ja überwiegend durch solche Außenformen geprägt ist, unter. Der Kreis und die schräge Linie bilden einen viel stärkeren Kontrast zum Umweltbild der Stadt. Deshalb sind die meisten Signaltafeln mit verbietendem Inhalt auf Flächen mit prägnanten Außenformen angebracht. Es kann sich dabei um auf die Spitze gestellte Quadrate handeln oder, wie es hauptsächlich der Fall ist, um Dreieckstafeln.

Es ist interessant zu beobachten, daß auf die Spitze gestellte Dreiecke, ähnlich der Kreistafel, eine stärker befehlende Aussage vermitteln, während das mit der Spitze nach oben gestellte Dreieck eher warnenden Informationsgehalt in sich trägt. Im Stadtbild ist es verständlich, daß Dreiecke mit der Spitze nach unten einen aggressiveren Ausdruck erzeugen als Dreiecke mit der Spitze nach oben. Einen Grund dafür zeigt das Stadtbild selbst mit seinen Dachsilhouetten, den Firsten nach oben. Dieses existiert im Unbewußten des Menschen als ein gewohntes Bild (siehe Band 1, Seite 42).

c Die Farbe

Die primär rote Farbe wurde als signifikanteste aller Farbtöne ausgewählt: für Verbot, Anweisungs- und Gefahrenhinweise. Quantitativ ist das Rot in der Landschaft nur punkthaft, nie flächenhaft vorhanden. Die Verwendung von Rot ist also abgeleitet von der Tatsache, daß in der Natur diese aufdringlichste aller Farben, wenn überhaupt, nur punkthaft, aber stets als Primärton (bei Blumen beispielsweise) vorhanden ist. Aus dem umgekehrten Grund ist die grüne Farbe, die in der Natur stets als große Fläche sichtbar ist, als Signalfarbe ungeeignet. Die blaue Farbe wird nur als Einladungs- oder Hinweisfarbe benutzt.

d Die Reaktion des Fahrers auf das Signal

Es wäre im Hinblick auf den sich ständig verdichtenden Verkehr und dessen vernünftige Regelung sicher von Interesse, darüber nachzudenken, daß bei den Verkehrsteilnehmern, hauptsächlich den Fahrern, mindestens drei grundsätzlich verschieden ausgeprägte Reaktionen im Hinblick auf die Verkehrstafeln zu beobachten sind. In erster Linie reagieren sie bei Hinweisen auf Gefahr auf gewohnt egoistische Weise ihrer eigenen Person gegenüber. Sie werden beim Auftauchen des Signals »Steinschlag« ihr Schiebedach automatisch schließen. Vor dem Signal »Bahnübergang« oder »Gefälle« werden sie die Geschwindigkeit reduzieren. Dasselbe gilt als zweite Reaktion, wenn nicht direkt ihr Leben in Gefahr steht, aber mit Bußgeld unmittelbar gedroht wird: so etwa bei »Radarkontrolle« etc. Als drittes dagegen fällt es schwer, bei Hinweisen auf Rücksichtnahme wie »Baustelle«, »Verengte Fahrbahn« etc. den Fuß vom Gashebel zu nehmen.

Das eigene Leben ist in Gefahr

Der Ernst der Information ist nicht ich-bezogen

2. Die Piktogramme

Die sogenannten Piktogramme der modernen Wegweisung und Information finden aus zwei Gründen immer häufigere Verwendung. Der erste besteht in der Forderung der Tafeldimension, die (ob nun rund, drei- oder vieleckig) in ihrer Ausdehnung Träger einer punkthaften Erscheinung ist. Dieses Prinzip steht im Gegensatz zur geschriebenen Information, die der linearen Entwicklung der Wortzusammensetzung zu folgen hat und somit breite, mehr oder weniger langgestreckte Tafeln benötigt, was für die Vereinheitlichung jedes Signalisations-Systems ein Hindernis darstellt.

Weltweit verständliche, für sich
sprechende Piktogramme

Schemata, die Überlegung
erfordern

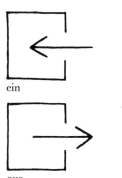

ein

aus

Zu intellektuelle Piktogramme

Der zweite Grund des wachsenden Gebrauchs von Piktogrammen ist das Problem der Sprache selbst. Straßen- und Schienennetze, Schiffahrts- und Fluglinien reichen weit über Landes-, Sprach- und Völkergrenzen hinaus. Eine vielsprachige Wort-Beschriftung würde überdimensionale Tafelgrößen erfordern, der Informations-Inhalt an Klarheit verlieren. Als Ausnahme könnte der Flugverkehr gelten, in welchem die Verständigung auf ein Zweisprachen-Informations-System reduziert werden kann: die Landessprache in Verbindung mit der englischen Sprache, die sich überdies mehr und mehr zur alleinigen internationalen Flugverkehrssprache herausgebildet hat (Exit, Flight, Bus etc.).

Die Information durch Bild-Zeichen hat in den letzten Jahrzehnten zu einer Lese-Umstellung der Bevölkerung geführt, und es kann gesagt werden, daß die Wegweisung heute ohne eine bestimmte Anzahl von Piktogrammen nicht mehr möglich wäre. Dabei muß unterstrichen werden, daß es mindestens drei verschiedene Arten der Bild-Information gibt.

Die erste umfaßt diejenigen Zeichen, die als naturalistische Bilder, meist in Form von Silhouetten, im Betrachter jeder Sprache oder Sitte absolut keinen Zweifel über die Aussage aufkommen lassen. Eine durchgestrichene Zigarette, die Silhouette eines Telefonhörers, die Kaffeetasse etc. sind zu weltweit verständlichen Hinweisen geworden. Um diese Zeichen zu verstehen, bedarf es keines Lernprozesses mehr, sie informieren unmittelbar.

Die zweite Art der Bild-Information umfaßt Schemata, deren Aussage nicht auf den ersten Blick (auf Anhieb) verständlich sind und eine gewisse gedankliche Anstrengung erfordern. Dies ist beispielsweise bei Fahrbahn-Zeichen der Fall: »Vorfahrt«, »Gegenverkehr«, »Gefälle« etc.

In dieser Gruppe der schematisierten Piktogramme werden immer wieder Zeichen erfunden, deren Bedeutung, auch bei langjähriger Anlerndauer, in vielen Fällen zweifelhaft bleibt. Wir weisen hier auf die Begriffe »Ausgang« und »Eingang« hin. Die Darstellungen, die aus Zusammensetzungen verschiedener abstrakter Elemente bestehen, in diesem Fall das geöffnete Quadrat für Raum und Tür in Verbindung mit dem wegweisenden Pfeil, erfordert eine »Überlegungszeit«, die die »Entscheidungszeit«, die dem Fußgänger bei der Annäherung zur Tür hin zur Verfügung steht, bei weitem übersteigt. Ein solches Zeichen wird seinen Zweck nie zufriedenstellend erfüllen können, da sein intellektuelles Konzept weder dem spontan visuellen Erkennen noch dem einfachen Anlernprozeß gerecht wird. In diesem Fall würden wir der verbalen Information »Ein«, »Aus« den Vorzug geben.

Die dritte Gruppe umfaßt Zeichen, die weder aus Bildern noch aus Schemata, sondern aus abstrakten Zeichen abgeleitet sind und deshalb ein regelrechtes Anlernen erfordern. Wenn sie einmal wie die Alphabet-Zeichen im Unbewußten erfaßt sind, informieren sie spontan. Das prägnanteste Beispiel dafür ist das Einbahn- oder Fahrverbots-Zeichen, das heute jedermann (selbst im Gebrauch für Fußgänger) kennt und respektiert. Die farbigen Ampeln Rot, Gelb, Grün betreffen genau denselben Bereich angelernter Information. In die gleiche Gruppe ließe sich auch das Pfeil-Zeichen eingliedern, wenngleich seine Silhouette, je nachdem, wie seine spezifische Form ausfällt, an das Objekt der Waffe erinnert (Band 1, Seite 46). Die Form des hinter der Spitze nachgezogenen langen Schaftes gibt genaue Auskunft über den Sinn der einzuhaltenden Bewegung: Abbiegen, scharfe Kurve etc.

Außerordentlich heikel in der Darstellung durch Piktogramme sind schwer darzustellende ungegenständliche Informationen wie »Zoll«, »Fundbüro«, »Selbstbedienung«, »Warteraum«, »Gepäck-Aufgabe, -Ausgabe, -Einstellung« etc. Das Problem des Hinweises auf die Toiletten ist, entgegen allem Anschein, noch schwieriger und wird wahrscheinlich immer nur in verbaler Form weltweit zufriedenstellend gelöst werden können, denn auch die Trennung von Frauen und Männern, typisch westlich bezeichnet durch die Silhouetten von Rock und Hose, funktioniert beispielsweise im arabischen Bereich überhaupt nicht.

Die beste uns bekannte Reihe in der Gestaltung von Reise-Piktogrammen – eine Zusammenstellung, ausgearbeitet vom American Institute of Graphic Arts als Norm für die USA – bilden wir auf Seite 140 als Beispiel ab. Die Wiedergabe der Tafel erfolgt jedoch mit allem schon verschiedentlich geäußerten Vorbehalt.

Einmal erlernt, dann sind sie einwandfrei verständlich

3. Signal-Zeichen in gedruckter Form

Die zeitliche sowie die geographische Definition des Weges, vom Ausgangspunkt bis zum Ziel, wird vom Reisenden in den meisten Fällen exakt vorgegeben. Dazu benutzt er Prospekte, Fahrpläne oder Routen-Karten. All diese gedruckten schematischen Darstellungen enthalten eine Menge von Zeichen, die zum Teil identisch sind mit denjenigen, die er in Wirklichkeit auch während der Reise vorfinden wird.

Normung der Piktogramme für den Flugverkehr in den USA

Seine Reaktion auf diese Zeichen, die wir in gewisser Weise ebenfalls als theoretische Signal-Zeichen betrachten können, ist grundverschieden im Vergleich zu den Signalen in der Wirklichkeit. Informieren, Planen und Vorbereiten vollziehen sich im Erlebnisbereich der Entspannung, man könnte fast sagen: der Meditation, während die Reise selbst den Menschen ganz bestimmten zeitlichen und örtlichen Notwendigkeiten des Reiseablaufs, wie der Abhängigkeit von Verkehrsregelung, der Pünktlichkeit öffentlicher Transportmittel, zwangsläufig unterordnet.

Das öffentliche Signal im Verkehr erfordert spontane Kenntnis, während das gedruckte Signal *außerhalb* des Verkehrsbetriebes einen viel komplexeren Gehalt erlaubt. Neben den sozusagen selbstverständlichen Bild-Zeichen können in einem Fahrplan, auf einer Routen-Karte ohne weiteres abstrakte Zeichen aufgeführt werden als Hinweis- oder Referenz-Zeichen, deren Erklärung an anderer Stelle, etwa im Sinne einer Fußnote, gegeben werden kann.

Die Vereinfachung der Zeichen muß jedoch für Karten und hauptsächlich für Fahrpläne auf die stärkste »stilisierte« Zeichengebung reduziert sein, da diese noch im kleinsten Abbildungsmaßstab »lesbar« bleiben müssen.

Als Beispiel folgt nachstehend eine Bild-Zeichen-Konzeption, die für einen Flugplan ausgearbeitet wurde.

Die erste Reihe enthält Zeichen, deren bildhafte Aussage durch die dem natürlichen Aussehen entsprechende Zeichnung unmittelbar erfaßt und verstanden wird.

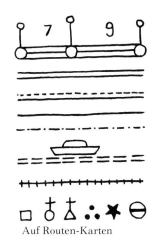

Auf Routen-Karten

Aus dem Prospekt eines Kurorts

Zeichen für einen Flugplan

Die »Lesbarkeit« von Piktogrammen in kleinen Graden

An zweiter Stelle (Reihe 2) stehen Zeichen mit durchaus noch bildhafter Gestalt, deren Aussage jedoch schon einer einfachen, meist einmaligen Erklärung bedarf. Die Zeichen bedeuten von links nach rechts: Kino an Bord, Welcome-Service, Umsteigen, Hinflug, Hin- und Rückflug, Telegramm, Orts- und Flugzeit. Einer einmaligen Erläuterung bedürfen auch die Zeichen der dritten Reihe: nur werktags, täglich und Wochentage 1 bis 7 (wobei stets Zweifel bestehen, ob mit dem ersten Tag ein Sonntag, Montag oder eventuell sogar ein Sabbat gemeint ist). Die letzte Reihe zeigt typische Referenz-Zeichen, also klar unterscheidbare geometrische Figuren, deren Erklärung in einer Fußnote oder Legende in jedem Fall (wenn möglich auf jeder Seite) anzugeben ist.

4. Über das Emotionale im Gewirr der Wege

a Die Orientierung in öffentlichen Gebäuden

Einer der wichtigsten Faktoren für die heutige Wegweisung ist die Berücksichtigung der sogenannten »Schwellenangst«. Der Wegsuchende hat außerhalb oder innerhalb einer Räumlichkeit eine psychologisch gänzlich verschiedene Einstellung. Solange er sich im Freien befindet, ist seine selbständige Entscheidungskraft noch vollständig intakt, die sichtbare Umwelt ist für ihn sicherer Anhaltspunkt. Sobald er jedoch ein Gebäude zum ersten Mal betritt, verliert er die Sicherheit seines Entscheidungsvermögens, er ist nun darauf angewiesen, sich helfen und leiten zu lassen. Sein Blick sucht in den meisten Fällen zunächst eine Empfangsperson, von welcher er mündlich seinen Weg erfragen kann. In Gebäuden, in denen eine solche Auskunftsstelle fehlt, findet sich in der Regel ein Orientierungsplan. Diese Miniaturisierung oder Schematisierung des Gebäudes ist als Hauptelement der Signalisation zu betrachten, denn an dieser Stelle »hat« der Besucher die räumliche Struktur der gesamten Baulichkeit zu erkennen, zu »erlernen«. Das Funktionieren dieses Verständigungsprozesses und der darauf folgenden Weiterleitung steht in sehr engem Zusammenhang mit der psychischen Verfassung des sich Orientierenden. In einem Museum wird der Besucher, innerlich entspannt, den Impuls ohne weiteres aufbringen, sich seinen Weg selbst zu suchen. Im Gegensatz dazu wird der Besucher eines öffentlichen Gebäudes, vom Postamt bis zur Polizeiwache oder dem Krankenhaus, je nach dem Grad seiner Emotion, seine Erkenntnisfähigkeit teilweise oder sogar vollkommen einbüßen und versuchen, sich »mündlich« zu orientieren.

Auf Flughäfen oder Bahnhöfen ist mit diesem emotionalen Faktor besonders zu rechnen, und zwar meist infolge von Zeitdruck oder Angst vor einer falschen Fahrtrichtung. In solchen Fällen ist das Signalisationssystem auf mündlichen Kontakt nicht abstützbar; die Orientierungslage muß deshalb entsprechend überdimensioniert und mengenmäßig gesteigert konzipiert werden, um den innerlich gespannten Reisenden dennoch schnell und exakt zu informieren.

b Piktogramm-Systeme für Veranstaltungen

Im Rahmen der immer häufiger veranstalteten Zusammentreffen großer Menschengruppen zu kulturellen, sportlichen oder politischen Anlässen entstehen stets neue Orientierungs-Systeme, deren Entwicklung dem bestimmten Inhalt, der Dimension und der Vielsprachigkeit solcher Veranstaltungen gleichermaßen Rechnung tragen muß. Der Gestalter wird hier sozusagen zum visuellen Organisator mit der bestimmten Aufgabe, die Besucher zu orientieren und zu leiten.

Da es sich dabei um zeitlich und örtlich begrenzte Veranstaltungen handelt und die Besucherschaft in den meisten Fällen den Anlaß in »entspannter« Stimmung begehen und erleben will, ist unseres Erachtens die Gestaltung der Piktogramm-Systeme mit originellen, vom jeweiligen Graphiker entworfenen Zeichen-Gruppen nur begrüßenswert. Oft wird der Gedanke geäußert, ein einmal feststehendes kontinuierlich durchzuhaltendes Piktogramm-System für die Olympischen Spiele auszuarbeiten. Demgegenüber erscheint es uns sinnvoller und dem Anlaß angemessener, ein dem spezifischen Wesen des jeweiligen Gastlandes entsprechendes Zeichen-Spiel alle vier Jahre neu zu entwickeln. Der Lernprozeß für diese Zeichen wird vom Besucher relativ schnell vollzogen, die Lokalfarbe der Bild-Zeichen durchaus als Ausdruck graphischen Reichtums betrachtet werden. Und wenn es bei solchen Anlässen gelegentlich zu Fehlinterpretationen kommen sollte, sind die Konsequenzen nicht weittragend.

Jedoch auch hier gilt die Ausnahme: daß nämlich die Sicherheits-Signalisation aus verständlichen Gründen eine strikt internationale Einheit zu bilden hat.

Tokio

Mexiko

München

Grenoble

143

5. Bedienungs-Signale

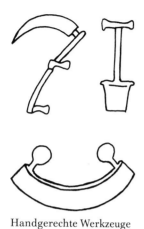

Handgerechte Werkzeuge

Das herkömmliche Werkzeug verdankt seine Form einer jahrhundertealten Anpassung an die Anatomie der menschlichen Hand. Die Vereinigung von Körperkraft, Geste und Instrument ermöglichte es, aus Rohmaterialien wie Stein und Holz, Leder und Zwirn etc. zweckmäßige Gebrauchsgegenstände herzustellen. Mit der Erfindung des Motors setzte sich mehr und mehr die Tendenz durch, die menschliche Kraft durch den maschinellen Antrieb zu ersetzen. Dabei wurde das Gerät nicht mehr »handgerecht«, sondern mehr und mehr gemäß einer rein technischen Anpassung an seine mechanischen Funktionen konstruiert.

Unsere Generation hat es mit Werkzeugen, Haushaltsmaschinen, Beförderungsmitteln zu tun, deren innere Funktion durch äußerlich modisch gestaltete Gehäuse und Verschalungen verdeckt – überhaupt nicht mehr sichtbar und dadurch begreifbar ist. Dies scheint auch nicht mehr notwendig, denn die Instrumente werden nicht mehr von Hand »geführt«, sondern nur noch »bedient«. Dazu kommt, daß die in das Privatleben eindringende Elektronik auch noch den Gedankenablauf der Arbeit selbst programmiert, so daß wirklich der Ausdruck des »Knopfdrückens« keineswegs mehr als Zukunftsscherz, sondern als Realität die »mechanisierte« menschliche Tätigkeit prägt.

Daß aus dieser Entwicklung eine ganz andere, um nicht zu sagen »entfremdete« Beziehung zum Arbeitsvorgang entstanden ist, erfahren wir täglich. Waschbretter, Eimer und Seife – Hobelbank, Säge und Meißel bedurften keiner Gebrauchsanweisung, in ihrer Form selbst lag der Arbeitsvorgang begründet. Dagegen ist der Arbeitsvorgang einer modernen Waschmaschine, das Funktionieren einer Stereoanlage hinter der Verkleidung nicht mehr sichtbar. Die den Geräten beigefügten Schaltpläne sind, eben deshalb oft im Inneren verborgen, nur vom Spezialisten lesbar.

Wir möchten hier nicht das Althergebrachte den Neuerungen vorausstellen. Es ist jedoch eine fast schon triviale Tatsache, daß die Instrumente von heute und morgen immer abstrakter werden und deshalb mit Bedienungsanleitungen versehen werden müssen. Die Gestaltung und Textbearbeitung von Bedienungsanweisungen für Maschinen und Geräte ist ein sehr heikles und nicht leicht zu lösendes Problem für jeden Hersteller. Als typisches Konfliktbeispiel erwähnen wir die Anweisungen durch Farben. Vom Verkehr her hat der Mensch gelernt, daß Rot »Stopp« bedeutet und Grün

144

»Gehen« – auf einem elektrischen Apparat hingegen bedeutet das rote Licht »Kontakt«, also nicht »Stopp«, sondern Anlauf, Grün dagegen weist auf Ruhestand hin.

Im gleichen Sinn bereiten Knopf-Drehungs-Befehle für die meisten Apparat-Besitzer immer noch Probleme, da die Anweisungen »links drehen« und »rechts drehen« nicht unbedingt für jeden in gleicher Weise klare und eindeutige Informationen sind.

Weiterhin sind angesichts des weltweiten Imports und Exports der verschiedensten Geräte mehrsprachige Bedienungsanleitungen zur Selbstverständlichkeit geworden. Die alleinige verbale Beschreibung und Erklärung führt deshalb oft zu umständlichen und dadurch unverständlichen Anweisungen, verursacht durch mangelhafte Übersetzung, und jede Firma versucht, Piktogramme zu erfinden, die alle Hinweise und Manipulationen bildhaft zu erklären imstande sind.

Wir müssen uns darüber im klaren sein, daß sich eine weltweite einheitliche Lösung dieses Problems, vor allem was den Lernprozeß betrifft (der ja fast bei jedem Gerät erneut einsetzen muß), erst über Generationen vollziehen wird. Es sind allerdings in den verschiedenen Bereichen Zeichen-Normungen in der Entwicklung, und es scheint, als ob die Grundregeln zu einer allgemein-verständlichen bildhaften Signalisierungs-Sprache bereits gelegt seien.

Auf einer Nähmaschine

Auf einem Backofen

Auf einer Waschmaschine

Auf einem Fotoapparat

Auf einem Tonbandgerät

In einem Fahrzeug

Versuch einer Synthese

Die nachstehende Zeichen-Tabelle stellt einen Versuch dar, anhand von vier gegenständlichen Figuren – zwei aus der Natur, dem Stern und der Schlange, einem von Menschenhand gebildeten Pfeil und einer an der Grenze der Abstraktion liegenden Figur, dem Kreuz – die gestalterischen Abänderungen mit verschiedensten Aussagen vergleichend gegenüberzustellen.

Die oberste horizontale Reihe enthält rein bildhafte Darstellungen. Obwohl in die Wiedergabetechnik der Strichzeichnung transponiert, bleiben die Zeichnungen im Bereich des Bildhaften, und ihre Aussage bleibt in erster Linie illustrativ.

In der zweiten Reihe nehmen dieselben Gegenstände eine schematische Form an, das heißt, es handelt sich nicht mehr um eine äußerliche *Ab*-bildung, sondern um eine zerlegte Wiedergabe, in der zur Erklärung das Bild schematisch angeordnet, aufgeschnitten oder plan wiedergegeben ist.

In der dritten Reihe erfolgt eine der wesentlichsten Transformationen: Das Bild ist zum Symbol aufgestiegen. Es handelt sich um eine gewisse »Sublimation« des bloß Gegenständlichen, in der das Dinghafte an die Stelle eines geistigen Gehalts gestellt wird. Hierbei ist eine naturalistische Wiedergabe nicht mehr erwünscht, vielmehr geht durch die Bildreduktion zum Zeichen das Illustrative verloren, und aus dem Ab-Bild wird ein Sinn-Bild.

Zur Verstärkung einer symbolischen Aussage werden häufig zwei oder mehrere Objekte in einer Darstellung verbunden, wie dies in der vierten Reihe zum Ausdruck kommt.

Um auch an dieser Stelle die viel umstrittene Frage, worin der Unterschied zwischen einem Symbol und einem Zeichen besteht, etwas mehr ihrer Klärung zuzuführen, erscheinen die vier ursprünglichen Gegenstände von Reihe Fünf an in verschiedenen vereinfachten, sozusagen abgeschliffenen Formgebungen der eigentlichen Zeichen. Natürlich können reine Zeichen, wie beispielsweise das Blitz-Zeichen oder das Venus-Zeichen, aber auch Wappenbilder oder sogar Marken zum Symbol werden. Es ist vor allem die grundlegende *Bedeutung* einer Figur, welche als Unterscheidungslinie zwi-

146

		Stern	Schlange	Pfeil	Kreuz
Zeichnung	Realistisch	Bild	Bild	Bild	Bild
	Schematisch	Anordnungs-Schema	Querschnitt	Technische Zeichnung	Plan
Symbol	Zum Symbol erhobene Zeichen oder Gegenstände	Siegel Salomons	Schlange der Ewigkeit	Friede	Christenheit
	Zum Symbol kombinierte Zeichen oder Attribute	Islam	Sünde	Liebe	Dreieinigkeit
Zeichen Wissenschaftliche Zeichen	Konvention mit erkennbarem Gegenstand	Meteorologie (Frost)	Hieroglyphe Nahash	Hochspannung	gleich / parallel
	Reine Konvention, Verlust des Gegenständlichen	Asterisk	ähnlich	männlich, Mars	weiblich, Venus
Signatur-Zeichen	Markierung, Unterschrift, Besitz-Zeichen	8 Steinmetze	Lucas Cranach	Brand-Marke (Texas)	Hermes-Zeichen
Emblem-Zeichen	Zeichen der Zugehörigkeit zu einer Gruppe, Familie, Staat	Föderation	Familienzeichen (Japan)	Gruppe (Skorpion)	Staat (Wappen)
Marken-Zeichen, Signete	Berufs-Zeichen, Wirtschaft	Mercedes	Arzt, Apotheke	British Rail	Bank
Signal	Anweisung für Verkehr, Bedienung usw.	Explosionsgefahr	Kurve	Richtung	Rotes Kreuz

schen symbolischem Sinn-Bild und neutralem Sach-Zeichen gezogen werden kann.

Die Aufteilung der Zeichen in Gruppen wirft an sich keine Deutungsprobleme auf. Das für einen wissenschaftlichen Begriff verwendete Kurz-Zeichen und das Signatur- oder Wasser-Zeichen, wie das Besitzer-Zeichen und das Marken-Zeichen unterscheiden sich jeweils durch ihre bestimmte Anwendung selbst.

Die äußere Form der verschiedenen Zeichen-Gattungen selbst weist also ziemlich klar auf deren Gebrauch hin. Das mit einer nüchternen Linie gezogene Wissenschafts-Zeichen hebt sich vom flächigen, zum Ornament neigenden Wappen-Zeichen deutlich ab, und die durch die Funktion bedingte Vereinfachung einer Brandmarke unterscheidet sich in ihrem Erscheinungsbild von dem in Verwendung aller graphischen Reize ausgeklügelten Werbe-Zeichen grundsätzlich.

In der letzten Reihe der Tafel sind die vier Grundbilder für den Signalisations-Gebrauch gezeigt. Die ursprüngliche naturalistische sowie die symbolische Aussage sind verschwunden, die Zeichen zur abstrakten Konvention geworden. Zum Erscheinungsbild des Signals gehört ebenfalls die es tragende Schildform, die im Grunde genommen auch wieder als geometrisches Grund-Zeichen gewertet werden kann und dem zentralen Zeichen einen erweiterten Sinn verleiht.

148

Epilog

Aus dem Ab-Bild wird ein Sinn-Bild. Dem heiligen Sinn-Zeichen folgt die nüchterne Formel. Wappenbilder und Signaturen wandeln sich in Marken und Signete. Die Zeichnung vereinfacht sich zum Zeichen.

Zum Festhalten des Gedankens, zur Vermittlung der Aussage genügen seit langem schon die Alphabet-Zeichen nicht mehr allein. Orientierung und Kommunikation sind heute unmöglich ohne Schemata, Zeichen und Signale. Der geschriebene Ausdruck wird durch die Bildvermittlung notwendig ergänzt.

Die Buchstaben-Reihen der Verbal-Sprachen sind, entstanden unter bestimmten historischen Bedingungen, ein für allemal festgelegt, aber abstrakt, während die Zeichen-Reihen der Bildsprachen in steter konkreter Anpassung an den sich dauernd wandelnden Bereich ihrer Anwendung begriffen sind und dort, wo Worte nicht genügen oder unverständlich bleiben, klärend und normend wirken.

Zeichen, Symbole, Signete und Signale sind in ihrer Vielfalt der alles durchdringende und prägende Ausdruck unserer Zeit; indem sie Vergangenes enthalten und bewahren, sind sie auch Hinweis auf alles Zukünftige.

Gegen die Atomkraft
Frieden

Achtung! Radioaktivität

149

Bibliographie

Allan, John: *Coins of ancient India.* London 1950.

Arnell, Alvin: *Standard Graphical Symbols.* New York 1963.

Baylay, H.: *The lost language of symbols.* New York.

Beigbeder, Olivier: *La symbolique.* Paris 1968.

Blachetta, Walther: *Das Sinnzeichen-Buch.* Frankfurt am Main.

Bliss, C. K.: *Semantography.* Sydney 1965.

Briquet, Charles-Moise: *Les filigranes.* Genf 1907.

Brooke-Little, J. P.: *An Heraldic Alphabet.* New York 1973.

Bühler-Oppenheim, Kristin: *Zeichen, Marken, Zinken, Signs, Brands, Marks.* Teufen 1971.

Chevalier, J./Gheerbrant, A.: *Dictionnaire des symboles.* Paris 1969.

Christie, A. H.: *Pattern Design.* Oxford 1929.

Diethelm, Walter: *Form und Kommunikation.* Zürich 1974.

Diethelm, Walter: *Signet, Signal, Symbol.* Zürich 1970.

Dreyfuss, Henry: *Symbol Sourcebook.* New York 1972.

Eco, Umberto: *Zeichen. Einführung in einen Begriff und seine Geschichte.* Frankfurt am Main 1977.

Ehmcke, F. H.: *Wahrzeichen, Warenzeichen.* Berlin 1921.

Enciso, Jorge: *Designs from pre-columbian Mexico.* New York 1971.

Endres, Franz Carl: *Die Symbole des Freimaurers.* Hamburg 1977.

Fewkes, J. W.: *Designs on prehistoric Hopi Pottery.* New York 1973.

Field, F. V.: *Pre-Hispanic Mexican Stamp Designs.* New York 1974.

Fläming, Otto: *Monogramme.* Braunschweig 1968.

Friedrich, Karl: *Die Steinbearbeitung.* Augsburg 1932.

Frutiger, Adrian: *Type, Sign, Symbol.* Zürich 1980.

Fuchs, Wolfgang I./Reinhold Reitberg: *Comics-Handbuch.* Reinbek 1978.

Gabus, Jean: *Kunst der Wüste.* Olten 1959.

Gubern, Romàn: *Comics, Kunst und Konsum in Bildergeschichten.* Reinbek 1978.

Jung, G. G./Marie-Luise von Franz/Joseph L. Henderson/Jolande Jacobi/ Aniela Jaffé: *Der Mensch und seine Symbole.* Olten [8]1979.

Kayser, Felix: *Kreuz und Rune.* Stuttgart 1965.

Kepes, Gyorgy: *Signe – image – symbole.* Bruxelles 1968.

Kerimov, Lyatif: *Folk designs from the Caucasus.* New York 1974.

Knauth, J.: *Die Steinmetz-Zeichen am Straßburger Münster.* Straßburg 1906.

Koch, Rudolf: *Das Zeichenbuch.* Offenbach am Main [4]1940.

Kowalski, Klaus: *Die Wirkung visueller Zeichen.* Stuttgart 1975.

Kuwayama, Yasaburo: *Trademarks & Symbols,* Vol. 1 und Vol. 2. New York 1973.

Legeza, L.: *Magie du tao.* Paris 1976.

Lehner, Ernst: *Symbols, Signs and Signets.* New York 1950.

Lengyel, Lancelot: *L'art gaulois dans les medailles.* Montrouge-Paris 1954.

Lurker, Manfred (Hrsg.): *Wörterbuch der Symbolik.* Stuttgart 1979.

Matsuya Piece-Goods Store: *Japanese design motifs.* New York 1972.

Migeon, Gaston: *Les arts du tissu.* Paris 1929.

Morris, Charles William: *Grundlagen der Zeichentheorie.*
  Ästhetik und Zeichentheorie. Berlin [4]1979.

Nataf, Georg: *Symboles, signes et marques.* Paris 1973.

Neubecker, Ottfried: *Heraldik.* Frankfurt am Main 1977.

Panot, A.: *L'Univers des Formes.* Paris 1960.

Pierce, Charles S.: *Über Zeichen.* Stuttgart 1965.

Racz, Istvan: *Finnische Volkskunst.* Helsinki 1969.

Rawson, Philip: *L'art du tantrisme.* Paris 1973.

Rietschel, Christian: *Sinnzeichen des Glaubens.* Kassel 1965.

Rossiter, Evelyn: *Die ägyptischen Totenbücher.* Fribourg-Genève 1979.

Rziha, Franz: *Studien über Steinmetz-Zeichen.* 1883.

Savigny, Eike von: *Die Signalsprache der Autofahrer.* München 1980.

Schmidt, Leopold: *Zunftzeichen.* Salzburg 1973.

Scholem, Gershom: *Zur Kabbala und ihrer Symbolik.* Frankfurt am Main [2]1977.

Schwarz, I./Biedermann, H.: *Das Buch der Zeichen und Symbole.* München 1975.

Sha, Haku: *Indische Sandstreuzeichnungen (Sammlung).*

Smith-Sides, Dorothy: *Decoratif Art of the southwestern Indians.* New York 1961.

Viel, Robert: *Les origines symbolique du blason.* Paris 1972.

Williams, Geoffrey: *African Designs.* New York 1971.

Wills, Franz Hermann: *Schrift und Zeichen der Völker.* Düsseldorf 1977.

Wittlich, Bernhard: *Symbole und Zeichen.* Bonn 1965.

Pro Arte No. 18, Schweiz (Motifs de Tapis).

Art Scandinave, Coll. Zodiaque, Paris.

Art Irlandais, Coll. Zodiaque, Paris.

Glossaire, Coll. Zodiaque, Paris.

Le monde des symboles, Coll. Zodiaque, Paris.

Musée de l'Homme, Paris.

Graphis No. 100, Zürich 1969.

United States Department of Transportation: *Symbol Signes.* Springfield 1974.

Linotype GmbH: *Linotype-Sondermatrizen.* Frankfurt 1968.

Am Anfang stand die Idee, das Verhältnis des Menschen zu seinen Zeichen auf die leichteste und einprägsamste Weise darzustellen. Die selbstverständliche Voraussetzung dafür war intensivste Anstrengung in Sichtung, Auswahl und Gestaltung des vorliegenden Zeichen-Materials. Dessen Bearbeitung und Interpretation ging allein darauf, den Leser – solcher Mühe enthoben – völlig für seine eigene Gestaltungspraxis freizusetzen. Die Tätigkeit aller an dieser Veröffentlichung Beteiligten sollte also, mit Hegels Worten, gänzlich im Produkt verschwinden. Ihnen sei an dieser Stelle für ihre Mitarbeit herzlich gedankt.

Dorothée Casalis, Paris. *Helmut Cunz*, Oberursel. *Jeannette Feller*, Neu-Isenburg.
Rudi Godulla, Rodgau 3. *Reinhard Hiltmann*, Frankfurt am Main. *Norbert Kurth*, Münster.
Michael F. Lang, Frankfurt am Main. *Willi Lerch*, Hasselroth. *Christa Mader*, Frankfurt am Main.
Brigitte Rousset, Paris. *Roswitha Th. Schneider*, Würzburg. *Heinz Sparwald*, Bischofsheim.
Rolf Wink, Meerholz. *Kurt Wolf*, Offenbach am Main. *Christoph von Wolzogen*, Frankfurt am Main.